养老机构长期照护服务现状及服务质量综合评价指标研究

湖南省自然科学基金资助项目
科教联合基金项目(项目编号：2019JJ70004)

李敏　宋冲　颜丽霞　著

YANGLAO JIGOU CHANGQI ZHAOHU FUWU XIANZHUANG JI FUWU ZHILIANG ZONGHE PINGJIA ZHIBIAO YANJIU

LIMIN　SONGCHONG　YANLIXIA

东北大学出版社
·沈　阳·

图书在版编目(CIP)数据

养老机构长期照护服务现状及服务质量综合评价指标研究 / 李敏，宋冲，颜丽霞著. -- 沈阳 ：东北大学出版社，2021.9

ISBN 978-7-5517-2775-4

Ⅰ. ①养… Ⅱ. ①李… ②宋… ③颜… Ⅲ. ①养老院—社会服务—服务质量—综合评价—研究—中国 Ⅳ. ①D669.6

中国版本图书馆 CIP 数据核字(2021)第 188533 号

出 版 者：东北大学出版社
地址：沈阳市和平区文化路三号巷 11 号
邮编：110819
电话：024-83687331(市场部) 83680267(总编室)
传真：024-83680180(市场部) 83680265(社务部)
网址：http://www.neupress.com
E-mail：neuph@neupress.com
印 刷 者：广东虎彩云印刷有限公司
发 行 者：东北大学出版社
幅面尺寸：170 mm×240 mm
印　　张：10.75
字　　数：235 千字
出版时间：2021 年 9 月第 1 版
印刷时间：2021 年 9 月第 1 次印刷
责任编辑：刘新宇　　责任校对：潘佳宁
封面设计：嘉禾工作室　　责任出版：唐敏志

ISBN 978-7-5517-2775-4　　定　　价：88.00 元

前　言

本著作系 2019 年度湖南省自然科学基金资助项目、科教联合基金项目（2019JJ70004）成果。

第 1 章为绪论，主要介绍研究概念界定、问题提出及研究价值、长期照护服务现状的研究、长期照护服务质量的研究、理论基础及研究目的；第 2 章为湖南省养老机构长期照护服务现状，主要介绍研究对象与方法、结果及讨论；第 3 章为养老机构长期照护服务质量综合评价指标体系构建及实证研究，主要包括研究对象与方法、结果及讨论；第 4 章为结论与主要创新，主要介绍了结论、主要创新以及进一步研究方向。特点是通过对养老机构长期照护服务现状及服务质量综合评价指标的理论和实践进行了研究，为养老机构的长期照护服务管理提供借鉴。

著作完成了，衷心地感谢所有关心、支持和帮助我的人。

首先，要向中南大学徐慧兰教授致以最诚挚的谢意！感谢她给予的诸多帮助与关心，感谢肖水源教授、罗丹教授、周亮教授、李敏老师、杨敏老师、唐媛老师、胡宓老师、谢佳琦老师给予的鼓励和关怀，以及在课题设计、著作写作过程中给予的指导。

感谢参加课题的尹诗林以及朋友，感谢周俊博士参与课题调研。感谢徐匡根博士及刘勇老师的热心帮助。

感谢湖南省民政厅朱宽海副处长、长沙市民政局、岳阳市民政局、衡阳市民政局、邵阳市民政局、怀化市民政局以及所有参与研究的养老机构在课题实施过程中给予的帮助和支持。

著　者

2021 年 3 月

目 录

1 绪论

1.1 研究概念界定

养老机构是指为老年人提供住养、照料、康复、精神慰藉等服务的综合性服务组织的机构[1]。老年人的划分标准依据世界卫生组织的定义[2]，发达国家将65岁以上的人群定义为老年人，发展中国家将60岁以上人群称为老年人，本书所提到的老年人指的是60岁以上人群。长期照护（long-term care，LTC）的概念最早见于1963年，由美国学者Evashwick等提出，当时定义是为慢性疾病的病人提供长时间医疗护理及支持性健康照护[3]。世界卫生组织（world health organization，WHO）将LTC定义为，由非专业护理人员和专业人员进行的护理活动，目标是保证生活不能完全自理的人维持可能最好的生活质量，获得最大可能的独立、自主、参与、个人满足及人格尊严[4]。欧洲经济合作与发展组织（organization for economic cooperation and development，OECD）指出，LTC指提供给身体机能低下人群的服务，包括基本日常生活活动、基本医疗服务、低水平的工具性日常生活活动等[5]。长期照护的经典定义是2009年由桑特勒提出的，指在一段时期内给丧失活动能力或某种程度活动能力缺失的人提供健康护理、个人照料和社会服务[6]。因此，长期照护的定义为针对任何年龄阶段的人进行的照护。本书所指长期照护特指老年人的长期照护。我国学者娄方丽等[7]认为是介于老年服务与医疗服务之间的照护服务，服务对象主要为部分自理、完全不能自理以及身心功能障碍的老年人，服务内容包括生活照料、康复护理、精神慰藉等综合性的专业化服务，服务期限一般为6个月以上，服务方式为医务人员提供的专业医疗护理服务，以及家庭和社区提供的非专业性照料等[8-12]。服务现状指提供服务的当前状况，本书所指服务现状为养老机构提供长期照护的服务现状[13]。服务质量是提供的服务达到人们期望状态[14]。养老机构服务质量是指养老机构为服务对象提供的满足其需求的所有特征总和[1]。本书所指服务质量是为养老机构中的老年人提供的长期照护服务质量。评价是通过对照某些标准来判断观测结果，并赋予这种结果以一定的意义和价值的过程；综合评价是指实际工作中，对于复杂的状况，因同时受多种因素的影响，须综合考察多个有关因素，依据多个相关指标对评价对象进行评价，并排出优劣顺序称为综合评价[15]。养老服务技术人员指的是从事养老服务的技术人员，包括养老护理员和护士，本书所指养老服务技术人员特指在养老机构从事长期照护服务的养老护理员和护士。

1.2 问题提出及研究价值

人口老龄化是全球面临的一个挑战，按照联合国的标准即一个国家65岁以上的老年人占总人口比例超过7%，或60岁以上的人口超过10%即为“老年型”国家[16]。2017年联合国人口统计数据[17]显示，老龄化程度比较严重的国家由高到低排名前5名分别是：按照65岁以上老年人口占总人口比例，日本27.05%、意大利23.02%、葡萄牙21.5%、德国21.45%和芬兰21.23%。截止到2018年年底，世界人口网[18]显示全球230个国家人口总数为76.30亿人，其中中国13.94亿人位居第一，成为世界上人口最多的国家，印度13.54亿人位居全球第二，第三至第十名分别是：美国、印度尼西亚、巴西、巴基斯坦、尼日利亚、孟加拉国、俄罗斯和日本。从发展趋势看，全球步入老龄化社会的国家越来越多，且发达国家老龄化程度越来越严峻。

20世纪70年代以来，为应对人口老龄化的挑战，发达国家相继建立长期照护体系[19]。长期照护的发展受一个国家或地区政治经济与社会制度、社会道德和伦理规范、传统文化、经济结构等综合因素的影响。不同国家的长期照护发展不平衡，许多西方国家相继以社会福利的形式发展老年照护服务[20]，由此出现了不同社会保障体系下的长期照护的不同养老模式。

我国国家统计局2020年2月28日公布的《中华人民共和国2019年国民经济和社会发展统计公报》显示，截止到2019年年底，我国总人口数为14.00亿人，60岁以上老年人口是2.54亿人，占我国总人口数的18.1%，其中65岁及以上人口1.76亿人，占我国总人口数的12.6%[21]。伴随着人口老龄化进程的加快，失能老人的人口数量迅速增多[22]。2016年首届京津冀养老论坛提出，我国失能老人将持续增长至2020年的4200万、2030年的6168万、2050年的9750万[23]。对于失能、半失能老人而言，无论是国内还是国外，以及通过家庭还是机构提供服务，张娟等[24]的研究结果表明，长期照护需求是刚性的，需要长期照护及更多的医疗护理资源。根据对美国社会保障网站和中国民政部官方网站发布的数据推算，美国大约有50%的失能老人在护理机构接受照护服务[25]，宁欣[26]的研究结果表明，老年人群中有近20%具有一定的失能特征，这部分老年人需要长期照护。在我国，养老机构床位数已基本满足需求，但存在结构不合理问题，护理型床位仍然是建设重点。随着更多的人接受在养老机构养老的现实需要，更多的失能老人将入住养老机构[27-31]，由此，我国近几年涌现了专门服务失能和半失能老人的长期照护全国连锁养老机构。作为世界上老年人口最多的国家，我国面临的压力超过世界上任何国家，长期照护已成为非常急迫的问题。传统上老年人的长期照护服务大部分是靠家庭解决，而随着计划生育政策的影响，以及子女在外地工作等原因，靠子女长期照护越来越难[32]。研究结果表明，长期照护服务供不应求将导致老年人健康状况恶化，如发病率和死亡率增加等，此外，也导致老年人被虐待和被忽视的比率增加[33-35]。相反，老年人如得到温暖、连续、科学的长期照护，可以使老年阶段健康时间延长，有利于提高老年人的生活质量[36]。进入21世纪后，中国在经济水平尚不发达的情况下进入老龄化社会，呈现出“未富先老”和“未备先老”的典型特征[37]，中国是人口老龄化超前于现代化，而养老服务发展相对滞后的国家之一[38]。

中国于1999年开始进入老龄化。截止到2018年年底[39]，湖南省人口总数7326.62万人，60岁及以上人口1275.6万人，为总人口数的17%，高于全国老年人口比率。近年来湖南省的老龄化程度逐年加重，而湖南省的经济状况在全国处于中等水平，与人口老龄化伴随而来的生活照料、健康管理等问题日益突出，另一方面全省各类养老床位27.5万张，每千名老年人口拥有养老床位数达到23张，城乡社区居家养老服务设施覆盖率分别达到36.5%和22%，护理型床位占总床位数远远不足30%。因此，国情省情均面临非常严峻的老年人的长期照护服务挑战。

长期照护的服务质量与老年人的生活质量息息相关。目前我国需要长期照护的老人有两种途径获得服务，即家庭和养老机构提供的长期照护服务。在我国，传统的养老观念是“养儿防老”，由于计划生育政策的影响，加上经济社会、医疗保健、养老等政策的改善，养老服务转变为由社会提供。社会养老，是指老年人所需的养老服务由社会提供，而不是由老年人的子女或家属承担[40-42]；我国目前养老服务体系的结构是“以居家养老为基础、社区养老为依托、机构养老为支撑”，并不断完善[43]。比较而言，由家庭照护的老年人通常获得更高的满意度[44]。社会养老逐步暴露出各种各样的弊端，如管理体制和保障体系不健全、资金匮乏、老年服务技术人员结构不合理、护理质量与水平低下、设施设备简陋陈旧等诸多问题[45-47]，随着人口老龄化的发展，长期照护服务需求逐渐增大，服务质量也越来越受到重视。如何评价老年人的长期照护服务质量成为研究热点。本书选择湖南省作为研究对象，通过调研养老机构的长期照护服务现状并进行分析，设计评价服务质量的指标体系，并对养老机构的长期照护服务质量进行评价，为改革现行的养老服务体制提供科学依据，为评估长期照护服务质量提供测量工具。长期照护是养老服务的立足点和难点，也是体现一个国家或地区的老年服务水平的关键指标。因此，选择湖南省养老机构长期照护服务现状及服务质量综合评价指标进行研究，为政府迫切需要改善养老难题提供科学可行的建议。

1.3 长期照护服务现状研究

1.3.1 养老服务技术人员及管理人员的研究

国内外对养老服务技术人员的研究主要围绕人才队伍建设、素质要求、职业满意度等问题进行了研究[48-49]。对于养老机构管理者的研究主要从素质、培训及胜任力方面进行了研究[50]。Juliana等[51]通过访谈研究发现，英国护理院的护士认为工作的社会地位低下，低职业状态影响工作能力的发挥。Jamie等[52]认为，美国的居民和家庭委员会参与长期照护的评价，促进服务技术人员改善服务。以Ester等[53]为首的学者提出，西班牙的保健系统需要为长期照护的非正式护理人员提供更具成本效益的资源和服务，以避免不必要的专业护理，建议专业护士、作业治疗师或物理治疗师等应参与多学科小组的长期照护。郑佳映等[54]研究结果发现，养老机构的养老护理员组织承诺处于中下水平，低于医院护士，养老护理员的组织承诺与周围环境、人际关系、收入等有关。

1.3.2 老年人卫生服务需要与利用的研究

国外最早研究老年人卫生服务需要与利用的文献见于1997年，德国的Klein等[55]研究了德国的社会结构特征与护理院的选择，认为24小时提供医疗、护理、日常生活照料服务的养老机构比较受欢迎。1998年Diana[56]研究了墨西哥裔美国老年人健康状况与卫生服务需要与利用的关系，认为如没有满足需要将导致老年人健康状况恶化。目前国外相关研究主要集中在护理院等专业的养老机构，如德国[57]的养老机构建立专家团队为失能老年人提供长期专业的医疗护理服务，满足老年人的卫生服务需要。美国[58]针对长期照护的老年人有专门的全面照护程序（program of all inclusive care for the elderly，PACE），保障老年人从社区、养老机构、医疗机构获得高质量的医疗综合性服务。

我国最早研究文献为1999年，张仁伟等[59]对我国农村贫困地区医疗服务利用及影响因素进行了研究，认为农村居民医疗服务需要较高，而利用水平低，老年人口引起关注。国内已有文献多数集中在老年人群的医疗服务需要与利用研究，而针对养老机构居住老年人的相关研究文献较少，孙熠等[60]以金华市4家养老机构813名失能老年人为研究对象，认为失能老年人的健康需求巨大，机构照护失能老年人的健康需求较居家照护失能老年人大，居家照护失能老年人的卫生服务利用率高于机构照护失能老年人。叶飘等[61]对武汉市江汉区14所养老机构的老年人进行研究，提出不同养老机构老年人卫生服务利用水平存在较大差异，应进一步优化卫生资源配置，完善医养结合，以满足老年人的卫生服务需求。蒋芳凡[62]对张家港市11家养老机构服务现状及入住老人卫生服务进行了研究，发现医疗机构内设养老机构的入住老人卫生服务满意度高于内设医疗机构的养老机构。

国内外已有的研究主要围绕医疗机构和城市养老机构提供医疗服务的专业人员队伍、两周患病率、两周就诊医疗机构、未就诊原因、调查前半年慢性病患病率、调查前一年住院率、老年人的满意度等方面进行研究。国内关于农村养老机构入住老年人卫生服务需要与利用的研究尚未见文献报道。

1.3.3 长期照护服务内容的研究

主要包括养老机构提供的长期照护服务内容和项目。已有的研究结果表明，长期照护首先主要提供日常生活照料服务，维持老年人生命所需；其次是提供医疗护理服务，还包括后期的康复服务、娱乐活动、心理慰藉等服务[63]。Claire等[64]提出英国长期照护包括直接照护和间接照护，直接照护包括日常生活照护和专科医疗保健服务，间接照护包括物资准备和文件书写等内容。Tamara等[65]通过对失智症的长期照护研究提出安全照护较重要，主要从管理照护环境中的风险因素保障照护者和被照护者的权利。杨宇航等[66]对长春市35所养老机构进行研究，发现提供的服务内容单一，康复服务开展率较低。李爽等[67]提出医养结合背景下对失能老人的服务，满足基本的生活照料还应加强人文关怀，促进长期照护服务的积极转变。

1.3.4 长期照护服务结果的评价

服务结果的评价主要通过老年人的满意度以及社会评价来衡量，最重要的评价是服务对象的满意度，将满意度与国家福利政策、保险制度、养老机构性质等因素相结合进行分析。Caroline等[68]研究认为，在人口老龄化的国家，长期护理工作受重视，一个国家的就业政策、工作的稳定性、退休年龄、福利待遇等因素均影响长期照护服务的结果。并认为非正式照护和正式照护是相辅相成和相互依存的护理过程。Christina等[69]对浙江省农村失智老人及家属进行研究，认为提供的长期照护服务不能满足老人的需求，主要原因是既缺乏医务人员，也缺乏标准化服务的证据基础，需要更多的公共资源来支持改善长期照护。

1.3.5 长期照护服务的管理学理论研究

随着研究理论的发展，多数研究者从管理学角度进行研究。20世纪60年代，美国学者Donabedian[70]提出了结构（structure）—过程（process）—结果（outcome）这一理论，即SPO理论。该理论早期研究集中在医疗服务管理中，后广泛应用在长期照护服务管理领域。按照SPO理论，长期照护服务的结构主要包括养老机构设施设备配置、养老机构管理人员及提供服务的技术人员等方面。养老机构的研究从交通地理位置、安全性、舒适度和提供服务的设备配置等方面开展研究，从大型养老机构到目前转变为微型嵌入式养老院，养老机构从集中建设养老社区到融入老年人熟悉的生活社区建设嵌入式养老院进行转变；设备方面从满足基本生活需求到关注老年人文化心理需求[71-73]；过程研究主要围绕了管理过程以及提供的服务方面进行了相关研究[74-75]；结果包括服务对象的满意度和服务质量评价结果等方面的研究[76-77]。

纵览国内外研究文献，文献来源最多为学术期刊；文献数量上，近30年相关研究文献增长显著，而近10年文献数量最多。可见，目前长期照护是社会各界关注的热点。长期照护服务对象的研究，主要从养老机构、养老机构管理人员、长期照护服务人员以及服务对象即老年人4个方面进行研究[78-79]；服务内容的研究，包括日常生活照料、医疗护理、娱乐活动及心理社会支持[80-81]；服务结果的评价研究，主要从服务对象的满意度来进行评价[82-84]。

国外关于长期照护服务现状的研究，无论从研究理论应用、还是从研究内容和研究方法上，均有一定的经验积累，其中 SPO 理论在管理中的应用值得借鉴。国内关于长期照护服务现状的研究，相对而言起步较晚，最近 10 年才成为研究热点，理论应用研究上，尚未见将结构一过程一结果理论在长期照护服务管理中的应用研究，需要深入研究；研究内容上，国内学者多选择长期照护服务某一方面进行研究，而综合考虑从养老机构、养老服务人员、老年人、机构管理人员 4 个方面全方位进行研究者尚未见文献报道，而对长期照护服务机构提供的医疗服务如两周患病率、两周就诊率、调查前一年住院率等指标的研究较少，有待进一步研究；研究方法上，国内长期照护服务现状的研究多为定量研究，而结构式访谈等定性研究在长期照护服务中的应用尚未见文献报道。

1.4 长期照护服务质量研究

1.4.1 长期照护服务质量研究维度

养老机构服务质量是指养老机构为服务对象提供的满足其需求的所有特征总和[1]。长期照护服务质量从早期的单一研究服务对象的感受性及满意度，到目前比较客观评价涉及服务质量的多方面因素。服务质量维度的研究最早是 20 世纪 60 年代美国学者 Donabedian[71]提出的结构一过程一结果这一理论模式，即 SPO 理论，从结构、过程和结果 3 个维度评价服务质量。结构即服务环境属性，包括服务项目组成所需的组织构架、物力和人力资源配备等。过程描述的是如何将结构属性运用到实践中，即服务对象接收的直接或间接服务及其他补充性活动。结果即过程所带来的结局表现，目的是评价该项目的实施是否成功。通过对护理服务项目的结构、过程和结果 3 个部分进行监控，以持续改善服务质量[85-86]。1998 年，美国护士协会（American nurses association，ANA）基于 SPO 理论结合临床护理工作提出了护理敏感性质量指标的概念[87]。之后，日本、英国及澳大利亚等国相继应用该理论对护理服务质量进行了研究探讨[88-89]。该理论对于服务质量的评价能综合考虑多维因素，具有一定的指导性，但在应用过程中，关于各层指标作为在评判标准中的权重之争持续至今，尚无一致公认的定论，有待进一步探究。

1987 年世界卫生大会上，“健康老龄化”第一次出现，并被列为世界卫生全球老年保健纲要。同时，大会提出以躯体、社会、心理、经济和智力健康作为“健康老龄化”中“健康”标准的 5 个维度，认为个人在进入老年期时在以上 5 个方面的功能仍能保持良好状态[90]。李巍[91]研究了大连老年服务业评价指标，认为从广义上理解健康老龄化，应包括老年人个体健康、老年群体的整体健康和人文环境健康 3 个维度。以上理论仅在宏观上指导老年服务围绕的中心目标，各国人口、经济、政治等影响因素多样化及复杂化，难以准确衡量服务质量。

2004 年我国出现了基于 SPO 理论模式较系统的理论阐述[92]，国内对于结构一过程一结果的理论应用多见于医疗护理服务质量。崔金锐等在尝试应用美国学者 Donabedian 的 SPO 模式从 3 个维度进行养老服务质量评价[88]。但对于长期照护养老服务质量的应用尚未见报道。近年来紧跟 WHO 提出的"健康老龄化"理念来指导养老服务工作，但总体看来，对于养老服务质量评价维度的理论研究尚在起步阶段。

1.4.2 长期照护服务质量评价工具的研究

1.4.2.1 国外长期照护服务质量评价工具的研究

(1) 虚弱老人的护理质量评价（assessing care of vulnerable elders, ACOVE)

1998 年，美国 RAND 公司和加利福尼亚大学洛杉矶分校（University of California, Los Angeles, UCLA）研究者以循证医学为依据，利用指南和专家意见开始系统地进行老年护理质量评价研究，其评价对象为居住在社区的虚弱老年人。它涵盖了医疗服务的 4 个方面：筛选和预防、诊断、治疗、随访[93-95]。ACOVE-1在 2000 年正式使用，最新版本 ACOVE-3 在 2007 年公布，其中医疗状况由 22 个增加到 26 个，二级指标由 236 个增加到 392 个指标。ACOVE 主要针对护理服务过程而不是结果进行评价，有利于持续改进老年服务质量[96]。

(2) 居民评估工具-最小指标数据集（resident assessment instrument-minimum data set, RAI-MDS)

1991 年开始，美国使用最小数据集（minimum data set, MDS）以反映老年人健康状况与需求，持续改进照护质量为主，应用非常广泛[97]。该工具是目前美国执行的标准化评估工具，要求所有的护理院作为常规评估工具使用，用于护理院改进护理质量时的过程评价和质量保证，收集在护理院居住老人的状况等各种变量，涵盖 230 个条目。RAI-MDS 主要用于对居民的认知能力、功能水平、抑郁的出现、疾病的概况和康复治疗等方面的评价。RAI-MDS 3.0 版本已经修订出来的条目从 A 到 Z 顺序列出，并在美国使用[98-99]，在此基础上发展而来 2020 年使用的国际居民评估工具包含了一系列的综合工具，包括基于长期照护机构的国际居民评估工具 10.0 版本[100]（international resident assessment instrument long-term care facilities assessment system , IRAI LTCF)，以及家庭照护（home care, HC)、急症后照护和康复（post-acute care and rehabilitation, PACR)、机构性精神卫生保健（mental health for in-patient, MHI)、医院系统（hospital systems, HS)、姑息治疗（palliative care, PC)、急性病照护（acute care, AC)、智障者照护（intellectual disability, ID)、儿童家庭照护（pediatric home care, PHC)、生活质量（quality of live, QL）等系列评估工具组成，

InterRAI 系列评估工具被国际多个国家参考应用。InterRAI LTCF 是一个全面的、标准化的工具，用于评估因慢性病正在接受照顾和正在护理院的老年人的需求、倾向性和偏好，评估的目的是利用信息确定个人的需要和相应的干预措施。

(3) 政府设立专门评审机构对服务质量进行综合评价

美国医疗服务评审联合委员会（the joint commission，TJC）机构成立于 1951 年，后来逐渐从医疗服务质量评估扩展到老年服务领域，包括长期照护各养老模式的优劣[101]。早在 1997 年，美国政府开始对所有提供照料服务的养老机构实行准入及标准化报告制度，用于获取顾客满意度、评价和检测照料机构的服务质量，目前美国常用的老年人评估工具有 11 类，包括照护者、失智和谵妄、抑郁、功能评估、步态和制动/跌倒风险、口腔卫生、疼痛、压疮、感知和尿失禁共 30 个量表，对老年人进行全面科学的评估，根据评估结果确定所需照护级别[102-104]。美国的 David 等[105]从 Meta 分析得出，老年综合评价系统与老年评估是相关联的，加强长期管理对于提高老年人的生存和生理功能是有效的。加拿大医疗服务评审机构[106]（accreditation Canada，AC），1988 年开始评审长期照护服务院舍以进行不同养老模式服务的综合评价，开发了国家优秀标准（national standard of excellence，NSE），应用 Qmentum（本地）和 Qmentum International（国际）作为评审工具，并由此在 1998 年建立发展了卫生保健质量国际标准（the international society for quality in health care，ISQua ）认证机构和标准。澳大利亚养老服务评审机构[107]（aged care standards and accreditation agency，ACSA），1997 年开始立法，要求对老年服务机构进行评审，目前评估工具有 44 个指标。以上是从管理视角，各级政府设立专门评审机构和标准，对长期照护的服务质量进行综合评价。

近年来，发达国家由于老龄化给国民经济带来的负担较重，从老年慢性疾病的护理质量评估，到对各种类型提供长期照护的护理院的服务质量评估各个不同角度进行了研究[108-114]。总体来说，从方法学上对长期照护的服务质量评估研究具有一定的借鉴意义。

1.4.2.2 国内长期照护服务质量评价工具的研究

国内关于老年人长期照护服务质量评价工具的研究，最早见于 2011 年黄方超等关于社区-居家式老年人长期照护评价指标体系的研究[115]；之后陈之莹等人研究了养老机构服务质量第三方评价[116-117]，2014 年国内主要有：香港实行的最新评审安老院舍的标准 40 项（the residential aged care accreditation scheme in Hong Kong，RACAS 40：2014）[118]，主要借鉴了澳大利亚的评估标准；后续有研究者从日常护理等角度研究指标的建立[119-123]；王玉环等[124]、柳璐等[125]继续深入研究，应用层次分析法确定社区-居家式老年人长期照护服务质量评价指标权重，认为在构建我国老年人社区-居家式长期照护服务体系的过程中，需要着力完善老年人长期照护服务内容体系，重点解决长期照护产生的巨额费用，这也是影响长期照护得以发展的瓶颈。曹培叶[126]对护理院失能老年人长期照护需求评估指标进行了研究；罗云婷等[127]研究了台湾老人长期照护机构养老服务质量评价。2018年李琦[128]对上海市长期护理服务质量进行研究，从感知性、保证性、响应性、可靠性和移情性5个方面设定一级指标和20个二级指标，并对上海市长期护理保险试点单位的长期护理服务质量进行了研究；皮红英等[129]的失能老人长期照护质量评价指标体系的构建，将失能老人照护质量评价指标分为要素质量、环节质量和终末质量3个类别，设立一级指标3项、二级项目14项和三级项目80项。2019年刘晓辉[130]基于服务质量差距模型构建了护理院失能老年人评估指标体系包括10项一级指标、21项二级指标和66项三级指标。以上研究对于长期照护服务质量评价有一定的参考意义，实际应用中仅限于某一方面重点评估，尚不能完全针对长期照护服务质量进行综合评价，有待进一步研究。

我国养老服务发展起步较晚，养老服务管理机制尚不健全，而对于长期照护服务质量评价工具的相关研究处于起步阶段。为全面提高养老机构的服务质量，加快建立全国统一的服务质量标准和评价体系，加强养老机构服务质量监管，尽快提升养老机构的服务质量，2017年国家颁布了《养老机构服务质量基本规范》（GB/T35796－2017）国家标准[131]，民政部于2017年下发《民政部等六部门印发关于开展养老院服务质量建设专项行动的通知》并进行检查整改等行动[132]，规范养老服务质量。

综上所述，国内外养老机构长期照护服务质量的研究从管理理论、评价维度、评价工具等方面进行了研究，我国养老机构长期照护服务质量的研究存在以下不足：一是理论应用研究上，尚未见结构－过程－结果理论应用于长期照护服务质量综合评价指标体系研究；二是已有的研究侧重于某一个研究视角研究评价指标，尚无对养老机构长期照护服务质量进行综合评价的指标体系；三是研究方法上，尚未见结构性访谈的定性研究与定量研究相结合来研究养老机构长期照护服务现状及服务质量。

1.5 理论基础

1.5.1 系统论

本书主要借鉴美籍奥地利生物学家路德维希·冯·贝塔朗菲（Ludwig Von Bertalanffy）提出的一般系统论为研究的理论框架[133-134]。李敏等[135]将系统论广泛应用于管理实际中，对于综合评价有理论和实践的参考价值。对于服务现状及服务质量的管理实践应用，学者张红卫等[136]及顾静等[137]从老年人的教育、服务质量管理、疾病管理、日常工作管理等方面进行了不同的研究，借鉴系统论认为，长期照护服务是一个开放系统，需根据时代的发展以及当地养老机构条件，提高长期照护服务人员队伍素质和服务水平，按照老人的需求意愿以及服务质量监管标准和规范等实际情况不断完善，动态提升长期照护服务质量。

1.5.2 需求层次理论

1943年心理学家马斯洛提出需求层次理论。表明人的需求是有层次的，按照重要程度和层次性进行排序，从基础性的生理需求到复杂的自我实现需要，呈阶梯状由低级向高级需求发展。人类需求分为生理需求、安全需求、社交需求、尊重需求和自我实现需求5种[138]。马斯洛需求层次理论已广泛应用于人力资源及服务管理实践中，具有较好的参考价值。Shircore等[139]认为需求层次理论在医疗服务中的研究主要包含对于不同疾病病人以及不同年龄阶段或不同患病阶段病人的服务管理中的应用。穆金桃[140]提出长期照护服务的开展应以老年人的需求为中心而开展服务，养老机构应根据老年人需求的轻重缓急而科学合理安排工作任务。依据马斯洛需求层次理论，老年人在养老机构首先是满足生理的需求，主要体现在生活照料方面，生活照料需求是老年人最基本的不可或缺的需求之一。其次是对安全的需求，主要体现在医疗护理和保健方面。第三是对社交的需求，主要体现在与人交流及参加社会活动等方面。老年人由于身体机能衰退，活动范围受限，其社交需求难以满足，因此老年人需参加社会活动，与他人进行交流和沟通，得到社会群体的重视和接纳。老年人对尊重和自我实现的需求，体现在希望得到尊重和理解，能够继续发挥自身价值方面，到了生命末期仍需得到他人的认可和尊重；入住机构的老人虽然需要长期照护，但是仍想发挥余热，希望不断充实自我，体验完成目标的喜悦和满足感。

1.5.3 结构—过程—结果理论

1966年美国密歇根大学公共卫生学院的学者Donabedian提出结构一过程一结果理论[71]，最初用来评估公共卫生服务质量[141]，后来普遍应用于医疗服务质量评价领域，如Literati[142]通过比较患者所感知的医疗卫生服务水平与所期望值之间的差别来判断医疗卫生服务质量，认为关键在于服务的效果要超越患者的期望效果。国外学者应用该理论从卫生服务机构、医疗、护理、康复以及质量评价指标的构建等方面进行了研究，认为从结构、过程和结果3个维度评价服务质量，具有敏感性强、效率高等特点，但评价过程复杂并且费用相对高[143-147]。

国内不同领域的质量评价也应用了此理论。如医疗护理领域，王翠琴等[148]构建了居民医疗保险评价模型，陈伟等[149]研究了3级甲等医院服务质量评价体系。黄天雯等[150]、刘敏杰等[151]、刘林霞等[152]、祝志梅等[153]构建了护理质量评价指标体系；另外在公共卫生食品管理领域，王锦泓[154]、徐匡根[155]研究了质量评价指标体系；养老服务领域，仅仅周晓容[156]从条件、过程、结果3个维度初步构建居家照护服务质量评价指标体系框架，而该理论在养老机构长期照护服务质量的综合评价指标体系构建及实证研究尚未见报道。长期照护服务质量的综合评价涉及提供服务的养老机构、管理者、服务技术人员以及服务对象等多方面因素，认为将结构一过程一结果理论应用于长期照护服务质量评价中研究较为科学。

1.5.4　长期照护服务质量综合评价指标与构建

本书在广泛阅读长期照护服务现状与服务质量综合评价相关文献的基础上，运用系统论、需求层次理论和“结构—过程—结果”理论，参考香港安老院舍评审标准，在充分分析湖南省养老机构长期照护服务现状的基础上，紧密结合我国现行养老机构服务质量基本规范的国家标准和民政部的《养老院服务质量大检查指南》，从管理结构规范性、基础服务质量、医疗服务、心理社会支持和老年人健康管理质量 5 个维度构建了长期照护服务质量综合评价指标体系。第一维度是管理结构规范性，给老年人提供长期照护服务的养老机构的管理结构是否规范，直接影响入住老年人的安全和健康；第二维度是基础服务质量，基础服务质量主要包括满足老年人生理需求以及安全需求的服务项目，对于不能自理或部分自理的老年人，基础服务质量是维持老年人生命所需的维度之一；第三维度是医疗服务，需要长期照护的老年人往往需要医疗、护理和康复服务，因此医疗服务也是评价长期照护服务质量的一个维度；第四维度是心理社会支持，是老年人保持心理健康不可或缺的维度；第五维度是老年人健康管理质量，主要体现养老机构健康管理水平，根据民政部 2017 年颁布的《养老院服务质量大检查指南》及香港的安老院舍评审标准关于健康管理的要求，其中包括例如健康管理档案情况、意外发生率及压疮发生率等情况（见图 1-1）。

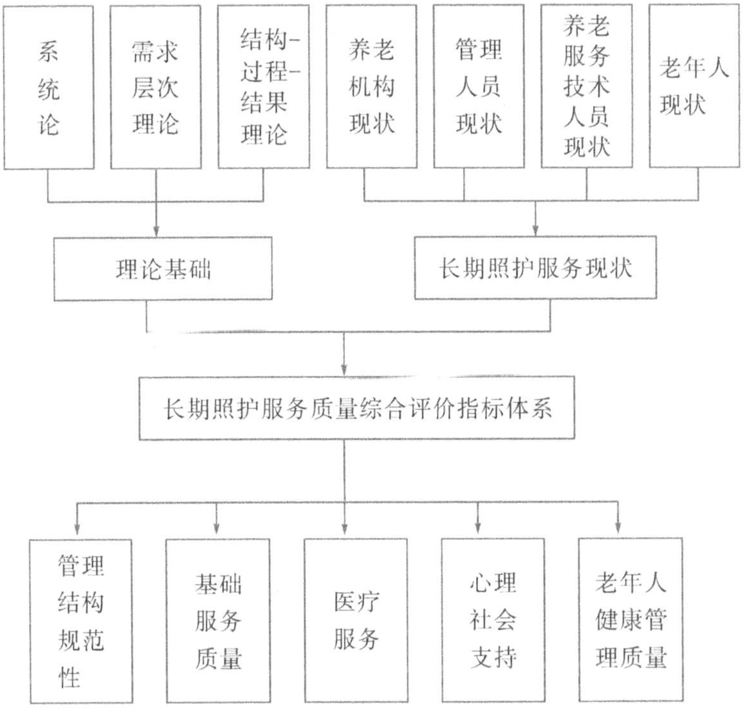

图 1-1　理论架构示意图

1.5.5 研究假设与研究思路

综合国内外已有的研究，结合理论基础，做以下研究假设：假设一，结构—过程—结果理论可以应用在长期照护服务现状的研究；假设二，从5个维度即管理结构规范性、基础服务质量、医疗服务、心理社会支持和老年人健康管理质量构建长期照护服务质量综合评价指标体系；假设三，长期照护服务质量可用构建的指标体系进行综合评价。

研究思路：本书将从以下研究中验证假设。第一部分，选择湖南省的长期照护服务现状按照结构—过程—结果理论进行研究，设计本书的结构包括对养老机构的基础设施情况、管理人员队伍情况和服务技术人员队伍情况等进行研究，过程包括提供的长期照护服务和过程管理等方面，结果为服务对象的评价、综合评价结果及社会评价等指标。第二部分，通过专家咨询法构建五维度长期照护服务质量综合评价指标体系；通过实证研究对长期照护服务质量进行综合评价；通过综合评价验证湖南省不同养老机构提供的长期照护服务质量结果，发现不同并分析原因。

通过以上研究拟解决的问题如下：探讨将系统论、需求层次理论和结构—过程—结果理论应用在长期照护服务现状和服务质量综合评价指标体系构建中并进行实证研究；构建长期照护服务质量综合评价指标体系，为科学合理评价长期照护服务质量提供测量工具；应用长期照护服务质量综合评价指标体系对提供的长期照护服务质量进行实证研究，为管理者提供监管服务质量的科学依据，规范养老机构的长期照护服务质量管理。

1.6 研究目的

本书的主要目的是：全面描述湖南省养老机构的长期照护服务现状；构建一套科学可行的长期照护服务质量综合评价指标体系并进行实证研究，为长期照护服务质量管理提供测评工具，为规范管理养老机构提供科学依据。

2 湖南省养老机构长期照护服务现状

2.1 研究对象与方法

2.1.1 研究对象与资料来源

2.1.1.1 养老机构

通过调查养老机构获得养老机构基本情况资料及现状。纳入标准：①湖南省所有提供长期照护的养老机构；②自愿参与研究。

2.1.1.2 养老服务技术人员

通过调查养老机构从事养老服务的技术人员，主要获得养老服务技术人员基本情况资料以及对养老服务工作的态度意愿和离职意愿等资料，养老服务技术人员是直接从事长期照护服务的技术人员，与长期照护服务质量密切相关。研究对象纳入标准：①在湖南省提供长期照护的养老机构从事养老服务的技术人员；②在职在岗自愿参与研究的人员。

2.1.1.3 接受长期照护服务的老年人

通过调查养老机构中入住的老年人，主要获得入住养老机构接受长期照护服务的老年人的基本情况资料、服务满意度以及所需的照护服务项目等资料，研究对象纳入标准：入住在湖南省的养老机构、接受长期照护服务且自愿参与的老年人。研究对象排除标准：精神障碍或严重躯体障碍无法完成研究的老年人。

2.1.1.4 养老机构的负责人

通过调查湖南省提供长期照护的养老机构的负责人，主要获得负责人的基本情况资料及定性访谈资料。研究对象纳入标准如下：①湖南省提供长期照护的养老机构负责人，对养老机构的基本情况非常熟悉，具有 2 年以上的管理经验；②自愿参与研究。定性访谈是围绕长期照护服务设计的 5 个问题进行访谈。

2.1.2 抽样方法与样本选择

2.1.2.1 样本量

（1）养老服务技术人员样本量

养老服务技术人员调查样本量的大小，按照单纯随机抽样公式计算样本量，其中的养老服务技术人员满意度为 70.7%，该满意度为 2019 年冯晟[157]在医养融合发展背景下养老服务机构的人文管理研究中所获得的结果，本次以此满意度为测算依据，总体率 P 的相对允许误差按照流行病学现场调查技术一般规律进行，本次确定为 10%P。本次抽样设计效率取 $deff=2.5$，结果得出：

$$n=deff\frac{Z_a^2P\ (1-P)}{d^2}=2.5\times100\frac{1.96^2\times\ (100-70.7)}{70.7}=398$$

可见，本次研究养老服务技术人员的样本量至少宜达到 398 例，调查时，调查员可以根据实际情况调查更多的样本，但必须满足最少样本量。

（2）入住养老机构的老年人样本量

入住老年人调查样本量的大小，按照下列单纯随机抽样公式计算样本量，其中老年人对养老机构满意度为 86.67%，该满意度为 2019 年杨甜甜等[158]在 7 所农村养老机构老人满意度及影响因素的调查报告中所获得的结果，本次以此满意度为测算依据，总体率 P 的相对允许误差按照流行病学现场调查技术一般规律进行，本次确定为 10%P。本次抽样设计效率取 $deff=2.5$，结果得出：

$$n=deff\frac{Z_a^2P\ (1-P)}{d^2}=2.5\times100\frac{1.96^2\times\ (100-86.67)}{86.67}\approx148$$

可见，本次研究入住老年人的样本量至少宜达到 148 例，调查时，调查员可以根据实际情况调查更多的样本，但必须满足最少样本量。

2.1.2.2 抽样方法

采用多阶段整群随机抽样的方法，根据 2017 年政府官网显示，湖南省共辖 13 个地级市、1 个自治州（122 个县、市、区），湖南省土地面积 21.18 万千米^2，占中国国土面积的 2.2%，在各省市区面积中居第 10 位。按不同地域，从湘东、湘南、湘西、湘北以及湘中各抽取一个城市和一个县，再分别从每个城市和县抽取 2 个城区和 2 个乡镇（1 个乡 1 个镇）的全部提供长期照护的养老服务机构进行调查并评价，由此涵盖了城市和农村不同性质的养老服务机构，调查养老机构的基本情况、开展长期照护服务情况等。具体抽样步骤如下。

第一阶段，根据地理特征进行分层随机抽样，湘东、湘西、湘南、湘北、湘中各取 1 个城市，见表 2-1。

表 2-1 城市样本抽样框架表

地理位置	包含城市	城市样本
湘东	长沙市、株洲市、湘潭市	长沙市
湘西	湘西土家族苗族自治州、怀化市、张家界市	怀化市
湘南	衡阳市、郴州市、永州市	衡阳市
湘北	常德市、岳阳市	岳阳市
湘中	娄底市、邵阳市、益阳市	邵阳市

第二阶段，从抽取的市/州随机抽取 2 个城区，见表 2-2，随机抽取 5 市下辖县中的各 1 个县级样本，见表 2-3。

表 2-2 城市城区样本抽样框架表

地理位置	城市样本	包含城区	城区样本
湘东	长沙市	芙蓉区、天心区、岳麓区、开福区、雨花区、望城区	天心区、雨花区
湘西	怀化市	鹤城区	鹤城区
湘南	衡阳市	雁峰区、石鼓区、珠晖区、蒸湘区、南岳区	雁峰区、石鼓区
湘北	岳阳市	屈原管理区、岳阳经济开发区、岳阳南湖风景区、岳阳楼区、君山区、云溪区	岳阳楼区、云溪区
湘中	邵阳市	大祥区、双清区、北塔区	大祥区、双清区

表 2-3 县级样本抽样框架表

地理位置	城市样本	下辖县	县级样本
湘东	长沙市	宁乡市、浏阳市、长沙县	长沙县
湘西	怀化市	麻阳苗族自治县、新晃侗族自治县、中方县、洪江市、溆浦县、会同县、沅陵县、辰溪县、芷江侗族自治县、靖州苗族侗族自治县、通道侗族自治县、洪江区管委会	芷江侗族自治县
湘南	衡阳市	衡阳县、衡南县、衡山县、衡东县、祁东县、耒阳市、常宁市	衡南县
湘北	岳阳市	华容县、平江县、湘阴县、岳阳县、临湘市、汨罗市	岳阳县
湘中	邵阳市	邵东市、新邵县、邵阳县、隆回县、洞口县、新宁县、绥宁县、城步苗族自治县、武冈市	新邵县

第三阶段，从抽取的县随机抽取 2 个乡镇，抽取样本前向湖南省民政厅相关人员咨询，目前乡镇建设无明显差别，详见表 2-4。

表 2-4 乡镇样本抽样框架表

地理位置	县级样本	乡镇样本
湘东	长沙县管辖 16 个镇 4 个乡	安沙镇、北山镇
湘西	芷江侗族自治县管辖 5 个镇 25 个乡	罗旧镇、土桥乡
湘南	衡南县管辖 22 个镇 3 个乡	谭子山镇、泉湖镇
湘北	岳阳县管辖 12 个镇 8 个乡	新墙镇、杨林乡
湘中	新邵县管辖 13 个镇 2 个乡	寸石镇、坪上镇

经过 3 个阶段随机抽样共有 9 个城区和 10 个乡镇进入本次研究。本次研究将 9 个城区和 10 个乡镇中的所有为老年人提供长期照护服务的养老机构作为实验组群进行研究，将该养老机构的负责人、入住老年人、提供养老服务的技术人员作为研究对象进行研究。经过以上多阶段随机抽样后，获得养老机构样本 41 家，养老机构负责人 41 名，入住老年人 958 人（估计样本数 148 人，实际样本数大于估计样本数），养老服务技术人员 550 人（估计样本数 398 人，实际样本数大于估计样本数）。

2.1.3 研究内容与工具

2.1.3.1 养老机构的现状

（1）养老机构一般资料

采用自行设计的养老机构基本情况表调查研究对象，一般资料包括养老机构的性质、是否具有法人资质、是否内设医疗机构、是不是医保定点单位、入住养老机构的准入条件（为多选项），以及今后的发展计划、存在的困难等内容；养老机构的面积、机构房间数、房型、床位数（规划床位数、现开放床位数和已使用床位数）等基本情况，并将城市和农村养老机构现状进行对比分析。

（2）养老机构提供的长期照护服务内容

采用自行设计的养老机构基本情况表调查研究对象，主要包括：①生活照料，②膳食服务，③清洁卫生服务，④洗涤服务，⑤医疗护理服务，⑥心理/精神支持服务，⑦文化娱乐服务，⑧咨询服务，⑨安全保护服务，⑩医疗保健服务共 10 个选项；其中开展的医疗护理服务项目包括：①常见病诊疗和护理，②急救与出诊服务，③健康教育与咨询，④健康体检，⑤慢性病治疗和护理，⑥疾病的初诊与转诊，⑦康复指导与训练，⑧中医药服务，⑨健康档案管理，⑩心理咨询与治疗，⑪临终关怀，⑫专家会诊共 12 个项目。

（3）养老服务技术人员的现状

采用自行设计的养老服务技术人员现状及职业满意度调查表调查研究对象，主要包括两方面的现状调查：一是一般情况资料，涵盖了年龄、性别、最高学历、从事老年服务工作的时间、是否从事养老服务技术管理岗位、从事管理工作的时间、是否具有相应的职业资格证书、技术职称、职务、收入（月收入）、单位为职工购买保险情况、培训情况；二是调查对养老服务工作的满意度：包括选择该工作的原因、对工作的满意程度、对工作不满意的原因、是否会离职，以及对自己职业的认同感，共 5 个方面的问题。

2.1.3.2　老年人的长期照护服务需求和满意度

采用自行设计的入住老人服务需求、利用及满意度调查表调查入住机构的老年人，主要包括以下内容。

（1）老年人的一般资料

包含：①老年人入住养老机构的基本情况：机构地址、机构名称和机构类型；②老年人的一般情况资料：年龄、性别、受教育程度、退休前的职业、婚姻状况、子女个数、目前的经济收入、经济收入的主要来源、医疗保险类别、入住养老机构的主要原因和入住机构的时间；③收费情况：包括床位费、护理费、伙食费和其他费用的收费标准，以及老年人认为收费是否合理的调查。

（2）老年人长期照护服务需求

调查老年人选择长期照护需求有哪些项目，并对各指标认可的重要程度进行选择，按重要程度分别赋值为：5—非常重要，4—很重要，3—重要，2——般，1—完全没必要。长期照护服务项目为 8 大项：生活照料服务、咨询服务、安全保护服务、医疗护理保健服务、应急救助、心理支持、社会支持和文化娱乐活动。

其中生活照料服务又分为：协助穿/更换衣及整理衣服、洗脸、洗手/脚、刷牙、漱口、梳头、洗头、理发、修剪指甲、剃须、清洁口腔、清理和装卸假牙、面容修饰、提供合理饮食、协助进食、协助饮水、管饲营养、提醒入厕、协助排尿、协助排便、人工排便、更换及清洗尿布、清洗会阴、擦浴、协助沐浴、翻身更换卧位、保持皮肤干爽清洁、环境清洁、居室清洁、床单位清洁、洗衣物。

医疗护理保健服务包括：预防与保健、康复、基本治疗、管道护理、给药护理、换药、健康教育、感染控制。

（3）老年人对长期照护服务的满意度

对包括环境设施、方便可及性、服务质量和收费标准等 4 个方面进行调查。满意度根据程度分为：① 非常满意，②满意，③一般，④不满意，⑤非常不满意，共5 级。

环境设施满意度包含 2 个方面：①对养老机构内环境卫生的满意度，②对养老机构内基本设施和医疗设备配置的满意度。

方便可及性满意度包含 3 个方面问题：①在入住养老机构前所等待入住的时间满意度；②在养老机构内入住时，对入住程序的满意度；③在养老机构入住时，对入住方便性的满意度。

服务质量满意度包含：①对“被接待或交谈时得到尊重的程度”的满意度，②对提供咨询服务的满意度，③对机构的管理方面的满意度，④对工作人员的服务态度满意度，⑤对工作人员的工作责任感满意度，⑥对安全保护服务的满意度，⑦对工作人员对问题的跟踪随访方面的满意度，⑧对养老机构提供的服务内容满意度，⑨对养老机构提供的服务方式满意度，⑩对服务人员的服务技术水平满意度，⑪对养老机构开展的文化娱乐活动的满意度，⑫对养老机构应急救助处理的满意度，⑬对养老机构提供的心理支持的满意度，⑭对养老机构提供的社会支持的满意度，⑮对养老机构内建立健康档案资料的满意度，⑯在养老机构内提供的医疗护理保健服务的满意度。

收费标准满意度包含了 2 个方面：①对养老机构服务收费的满意度，②对养老机构内医疗机构医疗费用收费情况的满意度。

（4）其他方面的满意程度

包含以下几个方面：老年人近一个月是否发生意外及原因；是否发生压疮及原因；在养老机构入住期间，原来的疾病是否复发；老人亲属对养老机构的整体服务是否满意；养老机构是否尊重老人知情权及选择权；养老机构是否尊重老人的私人财产权利；养老机构是否尊重老人隐私和尊严；养老机构处理投诉的制度和程序及原因；养老机构确保老人免受侵犯的制度和程序如何及具体情况。

2.1.3.3　老年人医疗服务需要及利用

（1）老年人医疗服务需要

包含 4 个方面：①老年人对身体健康状况的自我评价；②调查前半年内，是否患有经医生诊断的慢性病；③如患有慢性病，主要患有哪些慢性病；④调查前两周内，是否患过病（病伤或慢性病发作）。

（2）医疗服务利用

包括第一部分两周就诊情况：调查3次两周就诊情况，每次两周就诊情况调查包含7个问题：①患病后的处理方式是医疗机构就诊、自己买药治疗还是未采取任何措施，②患病后未去医疗机构就诊的原因，③就诊的医疗机构是养老机构内医疗机构还是养老机构外医疗机构，④未在养老机构内医疗机构就诊的原因，⑤在养老机构外医疗机构就诊时首选的医疗机构是私人诊所、乡镇卫生院或街道社区卫生服务中心、县/区医院、市级医院或省级医院，⑥此次患病就医所花费的总医疗费用，⑦这些医药费中，能报销的费用情况。

第二部分为住院情况：①调查前一年内是否有经医生诊断需要入院接受治疗的情况；②调查前一年内是否入院接受过治疗。后6个问题调查每次住院情况，共调查3次住院情况；③未住院的原因；④首选的住院医疗机构是养老机构内医疗机构还是养老机构外医疗机构；⑤未在养老机构内的医疗机构住院的主要原因；⑥在养老机构外医疗机构住院时首选的医疗机构；⑦此次住院所花费的总医疗费用（元）；⑧这些医药费中，能报销的费用情况。

2.1.3.4 养老机构长期照护服务研究的定性访谈

采用自行设计的养老服务管理人员定性访谈表调查研究对象，主要包括以下内容。

（1）养老机构管理人员现状

包括养老机构管理人员的性别、年龄、工作单位、最高学历、工龄、从事长期照护服务工作年限、从事养老服务管理工作年限、从事养老服务研究年限、专业技术职称、职务、目前主要研究的专业领域（多选项，选项为：养老服务、老年医学、老年护理、长期照护、养老服务管理、其他）、对长期照护养老服务质量的综合评价指标的熟悉程度（选项为：很熟悉、熟悉、一般、不太熟悉、不熟悉）。

（2）对养老机构管理人员进行定性访谈

通过调查养老机构的负责人并围绕长期照护养老服务提出5个方面问题，访谈提纲如下。

①我国的长期照护机构养老服务质量情况。②当地政府应该对长期照护提供哪些政策支持。③目前给老年人提供长期照护的现状。④应采取哪些措施才能改善或解决长期照护现存的问题。⑤管理部门应如何规范老年人的长期照护服务。

进入研究现场进行深度访谈，采用一对一、面对面的访谈方式进行访谈，注重提问技巧和倾听技巧，让被访谈者能够充分发表自己的看法，控制好访谈情境、访谈时间及进程，使访谈的问题更有针对性，便于挖掘问题的深层和问题的细节，为研究提供具有说服力的证据。

2.1.4 调查问卷信效度检验

采取 Cronbach's α 对入住老人满意度调查问卷内部一致性信度进行了评价，结果显示调查问卷 Cronbach's α 系数为 0.967，说明问卷的信度较好。各维度 Cronbach's α 系数见表 2-5。

表 2-5 老年人对长期照护服务满意度问卷信度分析

维度	问题数	Cronbach's α 系数
环境设施	2	0.879
方便可及性	3	0.839
服务质量	16	0.970
收费标准	2	0.887
总计	23	0.967

对调查问卷进行 KMO 检验和 Bartlett's 球形检验，结果显示，KMO 值为 0.960，Bartlett's 球形检验的平方为 26162.315，$P<0.001$，说明问卷结构效度非常适合用因子分析。利用主成分分析法提取公因子，23 项满意度问题共提取了 3 个公因子，方差累积贡献率达到 76.035%。经方差最大化正交旋转进行因子载荷分析，问卷的 23 个问题均在各自公因子上有较大载荷值（均大于 0.50），因子 1 为服务质量，因子 2 为环境设施和方便可及性，因子 3 为收费标准，能很好地解释原始问题假设的结构，结果见表 2-6 和表 2-7。

表 2-6 因子分析特征和累计贡献率

因子	初始值			旋转后		
	特征值	方差贡献率/%	方差累积贡献率/%	特征值	方差贡献率/%	方差累积贡献率/%
1	14.750	64.130	64.130	10.514	45.712	45.712
2	1.555	6.759	70.889	4.409	19.171	64.883
3	1.183	5.146	76.035	2.565	11.152	76.035

表 2-7 因子载荷矩阵（经方差最大化正交旋转）

维度	满意度问题	因子 1	因子 2	因子 3
环境设施	环境卫生	0.265	0.715	0.308
	基本设施和医疗设备配置	0.324	0.608	0.423
方便可及性	等待入住的时长	0.196	0.725	-0.018
	入住程序	0.330	0.829	0.133
	入住方便性	0.350	0.795	0.180
服务质量	接待或交谈时得到尊重程度	0.755	0.422	0.152
	提供咨询服务	0.774	0.403	0.149
	管理方面	0.816	0.353	0.171
	工作人员服务态度	0.798	0.367	0.183
	工作人员工作责任感	0.820	0.359	0.169
	安全保护服务	0.813	0.378	0.169
	工作人员跟踪随访方面的表现	0.832	0.342	0.183

表 2-7（续）

维度	满意度问题	因子 1	因子 2	因子 3
服务质量	机构提供的服务内容	0.570	0.019	0.134
	机构提供的服务方式	0.739	0.250	0.170
	服务人员服务技术水平	0.819	0.382	0.189
	开展的文化娱乐活动	0.791	0.222	0.312
	应急救助处理	0.809	0.291	0.266
	提供的心理支持	0.793	0.218	0.339
	提供的社会支持	0.796	0.282	0.245
	建立健康档案资料	0.828	0.293	0.248
	提供的医疗护理保健服务	0.779	0.267	0.355
服务质量	服务收费	0.284	0.196	0.842
	医疗费用收费情况	0.335	0.174	0.849

2.1.5 技术路线

技术路线见图 2-1。

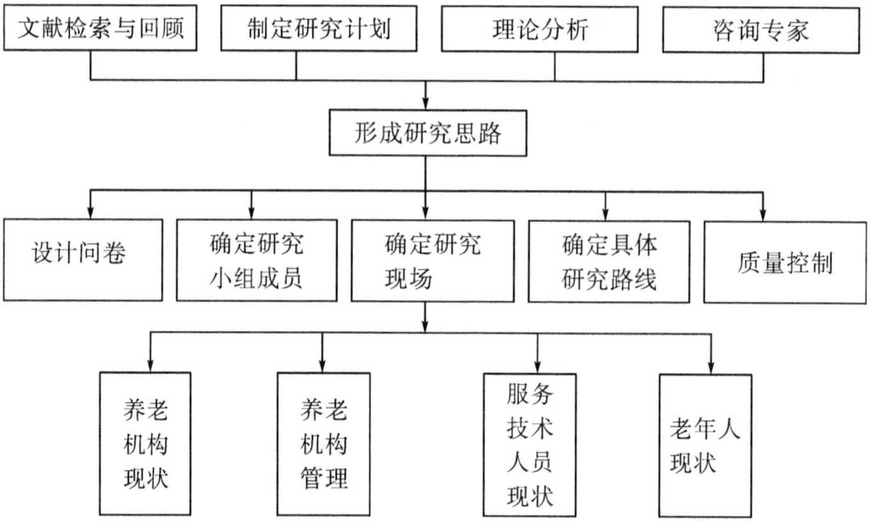

图 2-1 养老机构长期照护服务现状研究技术路线图

2.1.6 本研究操作性定义[159]

医疗服务需要与利用是由人们的健康状况决定[62]。常通过调查前两周患病率，半年内由医生诊断的慢性病患病率，两周就诊率，就诊医疗机构分布及原因、未就诊原因，调查前一年内住院率、未住院原因等指标来反映[159]。

（1）调查前两周患病率：两周患病率＝两周内患病人数/调查总人数×100％

包括调查前两周内新发病例和两周前发病持续到两周内（含慢性疾病）。

（2）半年内由医生诊断的慢性病患病率：慢性病患病率＝调查前半年内患慢性疾病人数/调查总人数×100％

包括调查前半年内患有明确诊断的慢性疾病（含时有发作并治疗的慢性疾病）。

（3）两周就诊率：两周就诊率＝两周内就诊人数/两周患病总人数×100％

为两周入住养老机构的患病老人中去医疗机构就诊的人数比例。

（4）调查前一年内住院率：住院率＝调查前一年内养老机构入住老人住院人数/需住院总人数×100％

（5）调查前一年内应住院而未住院率：未住院率＝调查前一年内需住院而未住院的患者人数/需住院人数×100％

养老机构入住老人有经医务人员诊断需要住院而未住院的人数占所有经医务人员诊断需要住院人数的比例，用百分比表示。

2.1.7　质量控制

课题研究过程中广泛查阅国内外相关研究，咨询国内相关专家，确保研究的科学性和可行性。

问卷调查部分：设计问卷前后向国内已有相关研究经验的养老服务专家进行咨询，并参照国内外已有的研究设计问卷，确定问卷的科学合理设计。

预调查部分：所有调查人员参与预调查试验，各研究对象的预调查样本选择样本量的10％进行，养老机构选择4家、养老服务技术人员选择40人、老年人选择15人，养老机构管理人员选择4人进行预调查，就调查中遇到的问题由研究成员一起协商统一，保持研究的一致性。

现场调查部分：正式调查前进行专门培训及预调查。调查者共6名，其中2名调查者具有10年以上临床护理工作经验及8年以上护理教育工作经验，另外4名调查者为护理专业大学二年级学生，具有良好的调查技巧和严谨的工作态度，均对养老服务日常工作程序相当熟悉，从而保证调查质量以及合理安排工作任务。为便于测定时的统一管理与要求需要进行调查前培训，培训内容：说明调查的目的和意义，讲解课题的研究思路、技术路线和资料收集方法，说明调查的注意事项，统一各项条目的意义明确，达到调研时95％以上一致性。

在取得研究对象同意后发放问卷，使用统一的指导语，充分解释，使研究对象能够积极配合，承诺资料保密。留下充裕的时间让研究对象填写，保证其填写问卷的真实性和可靠性，然后调查者收回问卷时仔细查看，如有漏项，提醒研究对象及时补齐；全部调查结束后进行一次逻辑性复核，保证问卷的填写质量。

调查后由调查者集中统一整理数据，将不同调查问卷进行编号，仔细检查核对问卷信息，遇到疑问及时核实澄清，必要时补充完善调查；问卷整理后，向统计学专家进行咨询，建设合理的数据录入框架，录入数据时，建立数据录入复查制度，由复查人逐项复查，保证数据录入准确无误。

2.1.8 伦理学问题

在本次研究开始前，由经过培训后合格的调查者向每一位研究对象进行本次研究目的和内容的详细介绍，研究过程中各项检测以及问卷研究均获得研究对象的知情同意，并签署知情同意书后才进行。本次研究遵循保密和自愿原则，对涉及隐私和个人安全的问题进行保密，研究对象可以随时退出本研究。研究对象具有每次调查项目结果的知情权，研究人员主动向研究对象报告调查结果。本研究项目已经通过伦理委员会的伦理审批（NO. XYGW2017－53）。

2.1.9 资料整理与分析

以 Epidata 3.0 建立数据库，采用 SPSS 23.0、Excel 3.0 对数据进行数据分析。（本次研究中 P 值均表示双侧概率，显著性水平 $\alpha=0.05$）。

资料分析主要采用描述性统计分析、t 检验、方差分析、秩和检验、χ^2 检验以及 ROST 内容挖掘系统分析等统计分析方法，具体介绍如下。

2.1.9.1 描述性统计方法

本次研究主要涉及数值变量资料及分类变量资料，统计描述方法为：①数值变量指标的描述：数值变量指标以均数±标准差表示；非正态的数值变量资料采用中位数与四分位数间距表示；②分类变量指标用频数、率和构成比等表示。

2.1.9.2 统计推断方法

数值变量指标组间比较采用 t 检验或方差分析，非正态的数值变量资料组间比较采用秩和检验，分类变量指标组间比较采用 χ^2 检验。

2.1.9.3 ROST 内容挖掘系统分析

对于养老机构负责人定性访谈资料应用武汉大学 2010 年 9 月 23 日发布的 ROST 内容挖掘系统 6.0 版本对定性访谈资料进行内容挖掘以及高频词等分析。

2.2 结果

2.2.1 养老机构现状

2.2.1.1 养老机构基本情况

（1）养老机构的来源及构成情况

采用多阶段整群随机抽样的方法，抽取了 41 家养老机构进行调查研究，涵盖了城市和农村不同性质的养老服务机构，调查养老机构的基本情况、开展长期照护服务情况等。41 家养老机构的地理分布及构成比见表 2－8。

表 2-8　养老机构的来源及构成情况

各市（县）	数量（n）	构成比/%
长沙市	11	26.83
长沙县	3	7.32
怀化市	5	12.20
芷江侗族自治县	2	4.88
邵阳市	4	9.76
新邵县	2	4.88
衡阳市	5	12.20
衡南县	2	4.88
岳阳市	4	9.76
岳阳县	3	7.32
合计	41	100.00

（2）养老机构的入住准入条件

养老机构入住准入条件情况详见表 2-9。41 家机构均收住半失能和失能老人，并要求入住者年龄为 60 岁以上且无任何传染病。敬老院是政府部门的收养机构，同时收养残疾人和未成年人，此部分人群不属于本研究的研究对象。

“三无五保老人”[159]的“三无老人”是指由民政部门收养的城镇居民中无劳动能力、无生活来源、无赡养人和扶养人，或者其赡养人和扶养人确无赡养或扶养能力的 60 岁以上老年人；“五保老人”是指根据《农村五保供养工作条例》中的五保供养对象，主要包括村民中符合下列条件的老年人、残疾人和未成年人：指农村中无生活来源、无劳动能力、无法定赡养扶养义务人，或虽有法定赡养扶养义务人，但无赡养扶养能力的老年人、残疾人和未成年人。这种制度的设立体现了我国法律保护老人的一贯原则，是社会主义和人道主义的具体体现。主要包括以下几项：保吃、保穿、保医、保住、保葬（孤儿为保教）。本研究的研究对象是指符合条件的 60 岁以上的老年人。

表 2-9　养老机构的入住准入条件

准入条件	频次（n）	频率/%
≥60 岁	41	100.00
无任何传染病	41	100.00
半失能老人	41	100.00
失能老人	41	100.00
“三无五保”老人	27	65.85
基本自理老人	27	65.85
其他①	2	4.88

①其他是具有救助性质的养老机构入住临时救助人员。

（3）养老机构的分类情况

41 家养老机构所属性质为公办、公建民营和民营，其中公办的机构最多有 19 家（46.34%）；民营的机构其次，有 18 家（43.90%）；公建民营机构最少，只有 4 家（9.76%）。城市共 29 家机构（70.73%），农村 12 家机构（29.27%），详见表2-10。

表 2-10　养老机构性质情况表

项目	分类	频次（n）	比率/%	城市频次（n）	比率/%	农村频次（n）	比率/%
性质	公办	19	46.34	11	37.93	8	66.67
	公建民营	4	9.76	3	10.34	1	8.33
	民营	18	43.90	15	51.72	3	25.00
	合计	41	100.00	29	100.00	12	100.00

养老机构是否具有独立法人资质情况，具有独立法人资质的机构 36 家，不具备独立法人资质的 5 家，此 5 家养老机构均为隶属于上级单位而无独立法人资质，见表 2-11。

表 2-11　养老机构的独立法人资质情况

项目	分类	频次（n）	比率/%
是否具有独立法人资质	是	36	87.80
	否	5	12.20
	合计	41	100.00

养老机构是否为医保定点单位调查情况，医保定点单位 12 家，非医保定点单位 29 家，见表 2-12。

表 2-12　养老机构的医保情况

项目	分类	频次（n）	比率/%
是否为医保定点单位	是	12	29.30
	否	29	70.70
	合计	41	100.00

41 家养老机构中内设医疗机构的养老机构 7 家（17.10%），未设医疗机构的养老机构 30 家（73.10%），医疗机构内设养老机构 4 家（9.80%），详见表 2-13。

表 2-13　养老机构的医养结合状况

医养结合状况	频次（n）	比率/%
内设医疗机构的养老机构	7	17.10
未设医疗机构的养老机构	30	73.10
医疗机构内设养老机构	4	9.80
合计	41	100.00

（4）养老机构开展的服务项目

所有养老机构均开展的服务项目为膳食服务、清洁卫生服务 2 项，40 家机构提供生活照料服务，有 1 家养老机构的生活照料服务是服务外包的形式，故实际不算该养老机构提供的服务项目，开展的服务项目频次由高到低排序详见表 2-14。

表 2-14　养老机构开展的服务项目

服务项目	频次（n）	频率/%
膳食服务	41	100.00
清洁卫生服务	41	100.00
生活照料服务	40	97.56
洗涤服务	40	97.56
文化娱乐服务	39	95.12

表 2-14（续）

服务项目	频次（n）	频率/%
安全保护服务	36	87.80
心理/精神支持服务	35	85.37
咨询服务	30	73.17
医疗护理服务	22	53.66
医疗保健服务	18	43.90

（5）养老机构开展或协助开展的医疗服务项目

养老机构开展或协助开展的医疗服务项目，由于农村养老机构多数是敬老院，提供的医疗服务主要通过与乡镇卫生院合作的方式提供，个别设有医务室的养老机构是以聘请的退休医生预约坐诊的方式进行服务。城市开展医疗服务的养老机构为 11 家，养老机构提供医疗服务项目详见表 2-15。

表 2-15　养老机构开展或协助开展的医疗服务项目

服务项目	频次（n）	频率/%
健康教育与咨询	41	100.00
健康档案管理	41	100.00
临终关怀	41	100.00
健康体检	30	73.17
中医药服务	22	53.66
常见病诊疗和护理	22	53.66
急救与出诊服务	22	53.66
慢性病治疗和护理	22	53.66
疾病的初诊与转诊	22	53.66
康复指导与训练	18	43.90
心理咨询与治疗	15	36.59
专家会诊	1	2.44

（6）养老机构的面积和房间类型情况

41 家养老机构占地面积、建筑面积、绿化面积和房间情况进行城乡对比，绿化面积经秩和检验差异有统计学意义（$z=-2.259$，$P=0.024$），农村养老机构的绿化面积大于城市养老机构，详见表 2-16。

表 2-16　养老机构的面积及房间类型情况

分类	项目	城乡	中位数	P_{25}	P_{75}	最小值	最大值	z	P
面积大小	占地面积/m^2	城市	900	375	2694	100	78588	-1.434	0.151
		农村	1600	665	9925	308	19980		
		合计	1000	400	3300	100	78588		
	建筑面积/m^2	城市	1400	650	3300	120	84000	-0.860	0.390
		农村	1618	900	4125	308	37715		
		合计	1500	700	3300	120	84000		
	绿化面积/m^2	城市	200	70	400	20	31000	-2.259	0.024*
		农村	615	200	1375	80	5500		
		合计	200	100	628	20	31000		

表 2-16（续）

分类	项目	城乡	中位数	P_{25}	P_{75}	最小值	最大值	z	P
房间类型	多人间/间	城市	7	0	20	0	64	-1.152	0.249
		农村	0	0	48	0	230		
		合计	6	0	22	0	230		
	双人间/间	城市	6	1	24.5	0	510	-1.112	0.266
		农村	0	0	36	0	400		
		合计	5	0	24.5	0	510		
	单人间/间	城市	0	0	9	0	800	-1.585	0.113
		农村	38	0	48	0	740		
		合计	1	0	41.5	0	800		
	豪华间/间	城市	0	0	0	0	160	-0.044	0.965
		农村	0	0	0	0	60		
		合计	0	0	0	0	160		

注：* 表示 Fisher 确切概率。

养老机构的床位及利用情况，总体 41 家养老机构规划床位总数为 12461 个，目前开放床位总数为 10419 个，现使用床位总数为 5197 个，总体平均床位利用率为 49.88%。养老机构的床位利用情况结果显示：整体利用率不高，41 家全部养老机构平均利用率为 49.88%，其中民营养老机构床位平均利用率最高达到 52.84%，有 2 家机构利用率达到 100%；其次是公办养老机构平均为 49.20%，也有 2 家床位利用率达到 100%；最低是公建民营机构平均为 44.64%，其中有 1 家利用率达到 100%。

由于公建民营的养老机构较少，归入民营性质的养老机构进行统计分析，主要从规划床位数、开放床位数、现使用床位数、床位利用率不同性质机构间、城乡间比较经秩和检验，差异均无统计学意义（$z=0.717$，$P=0.473$），详见表 2-17 和表 2-18。

表 2-17　公办和民营养老机构的床位及利用情况

指标	城乡	中位数	P_{25}	P_{75}	最小值	最大值	z	P
规划床位数/个	公办	100.0	50.0	150.0	25.0	2000.0	-0.510	0.610
	民营	69.5	45.3	201.5	23.0	2400.0		
	合计	78.0	49.0	200.0	23.0	2400.0		
开放床位数/个	公办	90.0	50.0	120.0	25.0	1700.0	-0.758	0.448
	民营	64.5	36.5	201.5	21.0	2292.0		
	合计	70.0	45.0	175.0	21.0	2292.0		
现使用床位数/个	公办	56.0	30.0	95.0	10.0	670.0	-0.471	0.638
	民营	42.5	25.5	99.3	6.0	1360.0		
	合计	44.0	28.5	90.0	6.0	1360.0		
床位使用率/%	公办	48.3	40.0	90.5	27.0	100.0	-0.576	0.565
	民营	67.6	33.1	83.0	20.0	100.0		
	合计	62.0	39.7	84.1	20.0	100.0		

表 2-18 城乡养老机构的床位及利用情况

指标	城乡	中位数	P_{25}	P_{75}	最小值	最大值	z	P
规划床位数/个	城市	78.0	49.0	203.0	23.0	2400.0	-0.029	0.977
	农村	88.0	44.0	139.5	25.0	2292.0		
	合计	78.0	49.0	200.0	23.0	2400.0		
开放床位数/个	城市	68.0	49.0	203.0	23.0	1700.0	-0.474	0.636
	农村	73.0	37.5	118.0	21.0	2292.0		
	合计	70.0	45.0	175.0	21.0	2292.0		
现使用床位数/个	城市	48.0	28.5	106.5	6.0	670.0	-0.358	0.720
	农村	36.5	23.3	82.8	17.0	1360.0		
	合计	44.0	28.5	90.0	6.0	1360.0		
床位使用率/%	城市	64.0	39.4	76.5	20.0	100.0	-0.717	0.473
	农村	60.7	44.0	93.5	31.0	100.0		
	合计	62.0	39.7	84.1	20.0	100.0		

2.2.1.2 养老服务技术人员情况

（1）养老服务技术人员一般资料

本研究对41家养老机构从事养老服务技术人员550人进行了调研，平均年龄为44.93±10.39岁，年龄最小者为19岁，年龄最大者为69岁，其中41—50岁年龄段比例最高为41.82%；受教育程度：从未受过教育者30人（5.50%），小学学历134人（24.40%），初中学历231人（42.00%），大专学历57人（10.40%）；372人(67.60%)从事养老服务工作时间5年以下；从事管理工作时间平均为0.71±1.87年；职业资格证书其他项包括康复治疗师和营养师等证书；职务情况：134人(24.40%)为业务组长，护士长12人（2.18%），其余404人（73.50%）无职务；一般资料特征详见表2-19。

表 2-19 550名养老服务技术人员的一般资料特征

项目	组别	人数/人	构成比/%
性别	男	96	17.50
	女	454	82.50
年龄/岁	≤20	4	0.73
	21—30	69	12.55
	31—40	81	14.73
	41—50	230	41.82
	51—60	150	27.27
	>60	16	2.91
学历	从未受过教育	30	5.50
	小学	134	24.40
	初中	231	42.00
	高中	49	8.90
	中专	5	0.90
	大专	57	10.40
	本科以上	44	8.00

表 2－19（续）

项目	组别	人数/人	构成比/%
从事养老服务工作时间/年	＜5	372	67.60
	6～10	152	27.60
	11～15	21	3.80
	＞16	5	0.90
职业资格证书	无证书	148	26.90
	养老护理员	337	61.30
	护士	52	9.50
	其他	13	2.40
职称	无	148	26.90
	初级	359	65.30
	中级	39	7.10
	副高级以上	4	0.70
职务	无	404	73.45
	业务组长	134	24.36
	护士长	12	2.18
月收入/元	＜1000	5	0.90
	1000～2000	132	24.00
	2001～3000	202	36.70
	3001～4000	170	30.90
	4001～5000	33	6.00
	＞5000	8	1.50

550 名养老服务技术人员的单位购买保险情况：无保险的人数为 121 人（22.00%），有医疗保险的人数为 342 人（62.18%），购买了失业保险的人数是 254 人（46.18%），购买了养老保险的人数为 299 人（54.36%）；个人购买保险情况：384 人（69.8%）未购买，55 人（10.00%）购买了医疗保险，23 人（4.2%）购买了养老保险，71 人（12.90%）购买了其他保险（意外保险）。详见表 2－20。

表 2－20 养老服务技术人员购买保险情况

分类	保险名称	人数/人	比例/%
单位购买	无	121	22.00
	医疗保险	342	62.18
	失业保险	254	46.18
	养老保险	299	54.36
单位购买	其他保险①	16	2.90
	医疗、失业和养老保险	159	28.90
	医疗、失业、养老保险和其他保险	9	1.60
个人购买	无	384	69.80
	医疗保险	55	10.00
	养老保险	23	4.20
	其他保险①	71	12.90
	医疗保险和养老保险	11	2.00
	医疗保险和其他保险	5	0.90
	养老保险和其他保险	1	0.20

①单位购买的其他保险为意外保险，该项为多选项。

（2）养老服务技术人员培训情况

养老服务技术人员的培训情况调查结果：所有养老服务技术人员100%接受过培训，多数养老机构对养老服务技术人员进行培训，所调查的550名养老服务技术人员中377人表示培训有效，对岗位工作有帮助，占比68.50%，详见表2-21。

表2-21　550名养老服务技术人员的培训及态度意愿结果

项目	组别	人数/人	构成比/%
接受培训时间（天）/年	<1	92	16.73
	1～2	40	7.30
	3～6	40	7.30
	>7	378	68.70
认为培训对工作提升效果	无效	36	6.60
	有效	377	68.50
	比较有效	75	13.60
	非常有效	62	11.30

（3）养老服务技术人员从业原因及职业认同情况

养老服务技术人员从业原因以及对职业的认同情况：287人（52.18%）表示为了生计，189人（34.36%）喜欢这份工作；对工作不满意的原因：52.63%的技术人员认为收入太低，36.84%的认为社会地位低，31.02%的认为没有保障；对于是否会离职：277人（50.40%）表示可能会离职，247人（44.90%）表示不会离职，另外有26人（4.70%）表示可能一定会离职；职业认同感：272人（49.50%）认为该职业一般，253人（46.00%）认为工作很有意义；25人（4.50%）认为没有价值。详见表2-22和表2-23。

表2-22　550名养老服务技术人员的培训及态度意愿结果

项目	组别	人数/人	构成比/%
选择这份工作的原因	为了生计	287	52.18
	打发时间	20	3.64
	喜欢	189	34.36
	体验一下	39	7.09
	其他	15	2.73
是否会离职	不会	247	44.90
	可能会	277	50.40
	一定会	26	4.70
职业的认同感	很有意义	253	46.00
	一般	272	49.50
	没有价值	25	4.50

表2-23　550名养老服务技术人员对工作不满意的原因

项目	组别	人数/人	频率/%
原因	收入太低	190	52.63
	社会地位低	133	36.84

表 2-23（续）

项目	组别	人数/人	频率/%
原因	没有保障	112	31.02
	不是正式工作	47	13.02
	不喜欢工作环境	24	6.65
	不喜欢老人	41	11.36
	不喜欢单位性质	4	1.11
	不喜欢管理方式	25	6.93
	其他	4	1.11

2.2.2 养老机构入住老年人照护服务需求及满意度

2.2.2.1 老年人的社会人口学资料

958 名老人平均年龄为 78.13±8.13 岁，年龄最小者为 60 岁，年龄最大者为 101 岁；老人的子女个数平均为 2.02±1.64 个，子女个数最少者为 0 个，最多者为 8 个；老人的经济收入平均为 1639.81±1502.28 元/月，收入最少者为 0 元/月，收入最高者为 7000 元/月；入住养老机构的平均时间为 3.79±3.96 年，入住时间最短者为 0.10 年，入住时间最长者为 33 年。详见表 2-24。

表 2-24　958 名老年人的社会人口学资料

指标	分组	人数/人	构成比/%
性别	男	460	48.02
	女	498	51.98
年龄/岁	60—69	146	15.24
	70—79	321	33.51
	80—89	410	42.80
	>90	81	8.45
户口	城镇	767	80.06
	农村	191	19.94
受教育程度	没上过学	280	29.23
	小学	245	25.57
	初中	258	26.93
	高中	114	11.90
	大专	24	2.51
	本科	37	3.86
退休前职业	国家机关、企事业单位负责人	191	19.94
	专业技术人员	122	12.73
	办事人员	56	5.85
	商业、服务业人员	122	12.73
	农、林、牧、渔、水利业生产人员	292	30.48
	生产或运输设备操作人员	33	3.44
	军人	23	2.40
	其他	119	12.42

表 2-24（续）

指标	分组	人数/人	构成比/%
婚姻状况	在婚	290	30.27
	丧偶	508	53.03
	离婚	36	3.76
	未婚	124	12.94
子女个数	0	232	24.22
	1	141	14.72
	2	234	24.43
	3	189	19.73
	≥4	162	16.91
月收入/元	0	347	36.22
	1～1000	50	5.22
	1001～2000	213	22.23
	2001～3000	225	23.49
	3001～4000	89	9.29
	＞4000	34	3.55
入住机构时间/年	＜1	163	17.01
	1～5	565	58.98
	6～10	190	19.83
	11～15	27	2.82
	16～20	8	0.84
	＞20	5	0.52
医疗保险类别	城镇职工医疗保险	384	40.08
	城镇居民医疗保险	213	22.23
	新农合医疗保险	299	31.21
	公费/劳保医疗	48	5.01
	自费	14	1.46

2.2.2.2　老年人的经济来源情况

958 名老年人的经济来源情况结果前三位如下：535 人（55.85%）经济来源为退休金，170 人（17.75%）来源于政府/他人救助；97 人（10.13%）来源于家庭成员供养。详见表 2-25。

表 2-25　958 名老年人的经济来源情况

分组	人数/人	频率/%
退休金	535	55.85
家庭成员供养	97	10.13
政府/他人救助	170	17.75
其他	2	0.21
退休金、家庭成员供养	78	8.14
退休金、政府/他人救助	2	0.21
家庭成员供养、政府/他人救助	65	6.78
退休金、家庭成员供养、政府/他人救助	9	0.94

注：该项为多选项，1 退休金（养老金），2 家庭成员供养，3 政府/他人救助，4 其他。

2.2.2.3 老年人入住养老机构的原因情况

老人选择入住养老机构的原因排序由高到低为：275 人（28.71%）需要长期照护，239 人（24.95%）不愿给子女添麻烦，233 人（24.32%）因为养老机构养老环境好，223 人（23.28%）是因为在家雇保姆照顾费用高/质量差；134 人（13.99%）是由于家里照护人手不够。详见表 2-26。

表 2-26 老人入住养老机构的原因

原因	人数/人	构成比/%
不愿给子女添麻烦	239	24.95
家里照护人手不够	134	13.99
在家雇保姆照顾费用高/质量差	223	23.28
家庭矛盾关系不和	12	1.25
养老机构养老环境好	233	24.32
需要长期照护	275	28.71
需要长期医疗护理服务	73	7.52
其他	2	0.21

注：该项为多选项。

2.2.2.4 养老服务费用情况

通过调查 958 名老年人关于养老服务费用情况：93.53%老年人的床位费小于 1000 元/月，93.32%老人的护理费小于 1000 元/月，96.87%老人的伙食费小于 1000 元/月，95.93%老人的其他费用小于 1000 元/月。关于收费是否合理，884 人(92.28%)表示收费合理，能接受。详见表 2-27。

表 2-27 养老服务各项费用情况

费用名称	分组	人数/人	构成比/%
床位费（元/月）	<1000	896	93.53
	1000～1499	41	4.28
	>1500	21	2.19
护理费（元/月）	<1000	894	93.32
	1000～1499	54	5.64
	>1500	10	1.04
伙食费（元/月）	<1000	928	96.87
	1000～1499	19	1.98
	>1500	11	1.15
其他费用（元/月）	<1000	919	95.93
	1000～1499	22	2.30
	>1500	17	1.77
收费是否合理	很不合理，高于成本，难以承受	9	0.94
	很不合理，高于成本	60	6.26
	合理，能接受	884	92.28
	不合理，低于成本	5	0.52

养老服务费用主要包括床位费、护理费、伙食费和其他费用，其他费用包括老年人购买的生活用品、保健品或药物等需要的费用，床位费平均为 1080 元/月，最低为

600元/月，最高为3000元/月，平均占老年人每月总支出的25.29%；护理费平均为1100元/月，占每月总支出的25.76%；伙食费平均为1040元/月，占每月总支出的24.36%；其他费用平均每月为1050元，占每月总支出24.59%。详见表2-28。

表2-28 养老服务平均费用情况与费用构成

费用名称	均数	标准差	最小值	最大值	构成比/%
床位费/（元·月$^{-1}$）	1080	0.344	600	3000	25.29
护理费/（元·月$^{-1}$）	1100	0.354	800	5000	25.76
伙食费/（元·月$^{-1}$）	1040	0.274	900	2500	24.36
其他费用/（元·月$^{-1}$）	1050	0.264	300	4000	24.59
总费用	4270	0.310	600	4100	100.00

2.2.2.5 老年人的长期照护服务需求

老年人的常用的长期照护服务需求44项调查结果显示，城市与农村老年人的需求经过两独立样本秩和检验对比分析，发现梳头、居室清洁、床单位清洁和洗衣服4个服务项目统计结果差异有统计学意义，其他40项比较差异无统计学意义，详见表2-29。

表2-29 城乡养老机构958名老人长期照护服务44项需求程度比较

项目	城乡	完全没必要 n/%	一般 n/%	重要 n/%	很重要 n/%	非常重要 n/%	z	P
协助穿/更换衣及整理衣服	城市	1 (0.1)	3 (0.4)	184 (24.0)	237 (30.9)	342 (44.6)	-2.096	0.036
	农村	0 (0.0)	0 (0.0)	61 (31.9)	59 (30.4)	72 (37.7)		
洗脸、洗手/脚	城市	2 (0.3)	30 (3.9)	110 (14.3)	383 (49.9)	242 (31.6)	-1.887	0.059
	农村	0 (0.0)	8 (4.2)	32 (16.8)	106 (55.5)	45 (23.6)		
刷牙	城市	0 (0.0)	130 (16.9)	172 (22.4)	129 (16.8)	336 (43.8)	-0.813	0.416
	农村	0 (0.0)	38 (19.9)	48 (25.1)	22 (11.5)	83 (43.5)		
漱口	城市	31 (4.0)	79 (10.3)	162 (21.1)	230 (30.0)	265 (34.5)	-0.514	0.607
	农村	11 (5.8)	22 (11.5)	39 (20.4)	53 (27.7)	66 (34.6)		
梳头	城市	32 (4.2)	156 (20.3)	255 (33.2)	119 (15.5)	205 (26.7)	-2.099	0.036*
	农村	10 (5.2)	49 (25.7)	67 (35.1)	22 (11.5)	43 (22.5)		
洗头	城市	68 (8.9)	122 (15.9)	53 (6.9)	146 (19.0)	378 (49.3)	-1.299	0.194
	农村	16 (8.4)	32 (16.8)	0 (0.0)	38 (19.9)	105 (55.0)		
理发	城市	34 (4.4)	237 (30.9)	153 (19.9)	63 (8.2)	280 (36.5)	-0.881	0.378
	农村	11 (5.8)	63 (33.0)	39 (20.4)	11 (5.8)	67 (35.1)		
修剪指甲	城市	7 (0.9)	119 (15.5)	130 (16.9)	183 (23.9)	328 (42.8)	-1.210	0.226
	农村	0 (0.0)	26 (13.6)	28 (14.7)	49 (25.7)	88 (46.1)		
剃须	城市	31 (4.0)	208 (27.1)	150 (19.6)	152 (19.8)	226 (29.5)	-1.433	0.152
	农村	10 (5.2)	56 (29.3)	40 (20.9)	39 (20.4)	46 (24.1)		
清洁口腔	城市	8 (1.0)	169 (22.0)	212 (27.6)	174 (22.7)	204 (26.6)	-0.293	0.769
	农村	0 (0.0)	36 (18.8)	61 (31.9)	47 (24.6)	47 (24.6)		
清理和装卸假牙	城市	5 (0.7)	71 (9.3)	255 (33.2)	154 (20.1)	282 (36.8)	-1.124	0.261
	农村	0 (0.0)	10 (5.2)	67 (35.1)	39 (20.4)	75 (39.3)		
面容修饰	城市	1 (0.1)	175 (22.8)	299 (39.0)	86 (11.2)	206 (26.9)	-0.739	0.460
	农村	0 (0.0)	47 (24.6)	76 (39.8)	22 (11.5)	46 (24.1)		

表 2－29（续）

项目	城乡	完全没必要 n/%	一般 n/%	重要 n/%	很重要 n/%	非常重要 n/%	z
提供合理饮食	城市	0 (0.0)	243 (31.7)	275 (35.9)	119 (15.5)	130 (16.9)	－0.529
	农村	0 (0.0)	65 (34.0)	66 (34.6)	29 (15.2)	31 (16.2)	
协助进食	城市	30 (3.9)	243 (31.7)	345 (45.0)	92 (12.0)	57 (7.4)	－0.051
	农村	9 (4.7)	51 (26.7)	103 (53.9)	18 (9.4)	10 (5.2)	
协助饮水	城市	38 (5.0)	140 (18.3)	286 (37.3)	104 (13.6)	199 (26.0)	－1.575
	农村	8 (4.2)	28 (14.7)	68 (35.6)	31 (16.2)	56 (29.3)	
管饲营养	城市	33 (4.3)	213 (27.8)	222 (28.9)	109 (14.2)	190 (24.8)	－0.309
	农村	12 (6.3)	54 (28.3)	47 (24.6)	30 (15.7)	48 (25.1)	
提醒入厕	城市	7 (0.9)	172 (22.4)	311 (40.5)	149 (19.4)	128 (16.7)	－0.741
	农村	0 (0.0)	35 (18.3)	87 (45.5)	36 (18.8)	33 (17.3)	
协助排尿	城市	2 (0.3)	159 (20.7)	385 (50.2)	124 (16.2)	97 (12.6)	－0.570
	农村	0 (0.0)	37 (19.4)	108 (56.5)	25 (13.1)	21 (11.0)	
协助排便	城市	0 (0.0)	184 (24.0)	287 (37.4)	140 (18.3)	156 (20.3)	－0.363
	农村	0 (0.0)	46 (24.1)	67 (35.1)	37 (19.4)	41 (21.5)	
人工排便	城市	0 (0.0)	186 (24.3)	215 (28.0)	151 (19.7)	215 (28.0)	－0.822
	农村	0 (0.0)	44 (23.0)	49 (25.7)	39 (20.4)	59 (30.9)	
更换及清洗尿布	城市	30 (3.9)	186 (24.3)	224 (29.2)	122 (15.9)	205 (26.7)	－0.837
	农村	11 (5.8)	45 (23.6)	60 (31.4)	29 (15.2)	46 (24.1)	
清洗会阴	城市	37 (4.8)	173 (22.6)	215 (28.0)	63 (8.2)	279 (36.4)	－1.441
	农村	10 (5.2)	51 (26.7)	58 (30.4)	8 (4.2)	64 (33.5)	
擦浴	城市	6 (0.8)	131 (17.1)	200 (26.1)	59 (7.7)	371 (48.4)	－1.752
	农村	0 (0.0)	28 (14.7)	48 (25.1)	8 (4.2)	107 (56.0)	
协助沐浴	城市	1 (0.1)	260 (33.9)	161 (21.0)	113 (14.7)	232 (30.2)	－1.936
	农村	0 (0.0)	77 (40.3)	39 (20.4)	29 (15.2)	46 (24.1)	
翻身更换卧位	城市	0 (0.0)	100 (13.0)	273 (35.6)	187 (24.4)	207 (27.0)	－0.132
	农村	0 (0.0)	18 (9.4)	76 (39.8)	48 (25.1)	49 (25.7)	
保持皮肤干爽清洁	城市	0 (0.0)	118 (15.4)	209 (27.2)	231 (30.1)	209 (27.2)	－1.063
	农村	0 (0.0)	30 (15.7)	45 (23.6)	54 (28.3)	62 (32.5)	
环境清洁	城市	0 (0.0)	58 (7.6)	194 (25.3)	321 (41.9)	194 (25.3)	－0.527
	农村	0 (0.0)	10 (5.2)	49 (25.7)	83 (43.5)	49 (25.7)	
居室清洁	城市	28 (3.7)	163 (21.3)	253 (33.0)	220 (28.7)	103 (13.4)	－2.442
	农村	11 (5.8)	50 (26.2)	67 (35.1)	42 (22.0)	21 (11.0)	
床单位清洁	城市	6 (0.8)	99 (12.9)	213 (27.8)	82 (10.7)	367 (47.8)	－3.667
	农村	0 (0.0)	18 (9.4)	44 (23.0)	8 (4.2)	121 (63.4)	
洗衣服	城市	2 (0.3)	135 (17.6)	319 (41.6)	82 (10.7)	229 (29.9)	－2.542
	农村	0 (0.0)	45 (23.6)	84 (44.0)	20 (10.5)	42 (22.0)	
咨询服务	城市	2 (0.3)	126 (16.4)	281 (36.6)	110 (14.3)	248 (32.3)	－1.293
	农村	0 (0.0)	28 (14.7)	62 (32.5)	32 (16.8)	69 (36.1)	
安全保护服务	城市	3 (0.4)	148 (19.3)	296 (38.6)	97 (12.6)	223 (29.1)	－0.387
	农村	0 (0.0)	39 (20.4)	77 (40.3)	20 (10.5)	55 (28.8)	

表 2-29（续）

项目	城乡	完全没必要 n/%	一般 n/%	重要 n/%	很重要 n/%	非常重要 n/%	z
预防与保健	城市	1 (0.1)	179 (23.3)	327 (42.6)	124 (16.2)	136 (17.7)	-0.806
	农村	0 (0.0)	48 (25.1)	83 (43.5)	32 (16.8)	28 (14.7)	
康复	城市	0 (0.0)	211 (27.5)	319 (41.6)	123 (16.0)	114 (14.9)	-0.623
	农村	0 (0.0)	60 (31.4)	72 (37.7)	31 (16.2)	28 (14.7)	
基本治疗	城市	0 (0.0)	220 (28.7)	257 (33.5)	122 (15.7)	168 (21.9)	-0.561
	农村	0 (0.0)	56 (29.3)	57 (29.8)	29 (15.2)	49 (25.7)	
管道护理	城市	0 (0.0)	193 (25.2)	290 (37.8)	155 (20.2)	129 (16.8)	-0.047
	农村	0 (0.0)	44 (23.0)	78 (40.8)	40 (20.9)	29 (15.2)	
给药护理	城市	2 (0.3)	120 (15.6)	276 (36.0)	137 (17.9)	232 (30.2)	-0.931
	农村	0 (0.0)	30 (15.7)	64 (33.5)	29 (15.2)	68 (35.6)	
换药	城市	60 (7.8)	141 (18.4)	253 (33.0)	156 (20.3)	157 (20.5)	-0.446
	农村	18 (9.4)	38 (19.9)	57 (29.8)	39 (20.4)	39 (20.4)	
健康教育	城市	7 (0.9)	123 (16.0)	288 (37.5)	196 (25.6)	153 (19.9)	-0.071
	农村	0 (0.0)	28 (14.7)	79 (41.4)	49 (25.7)	35 (18.3)	
感染控制	城市	2 (0.3)	81 (10.6)	291 (37.9)	215 (28.0)	178 (23.2)	-0.343
	农村	0 (0.0)	23 (12.0)	75 (39.3)	46 (24.1)	47 (24.6)	
应急救助	城市	0 (0.0)	51 (6.6)	306 (39.9)	248 (32.3)	162 (21.1)	-0.223
	农村	0 (0.0)	12 (6.3)	76 (39.8)	68 (35.6)	35 (18.3)	
心理支持	城市	29 (3.8)	104 (13.6)	258 (33.6)	243 (31.7)	133 (17.3)	-1.590
	农村	10 (5.2)	32 (16.8)	66 (34.6)	54 (28.3)	29 (15.2)	
社会支持	城市	41 (5.3)	85 (11.1)	129 (16.8)	234 (30.5)	278 (36.2)	-1.801
	农村	8 (4.2)	18 (9.4)	27 (14.1)	56 (29.3)	82 (42.9)	
文化娱乐服务	城市	62 (8.1)	178 (23.2)	224 (29.2)	108 (14.1)	195 (25.4)	-0.510
	农村	18 (9.4)	46 (24.1)	57 (29.8)	19 (9.9)	51 (26.7)	

注：* 代表 Fisher 确切概率。

2.2.2.6 老年人对服务的满意度

958 名老年人对机构提供的长期照护服务满意度进行调查，按照非常满意、满意、一般、不满意和非常不满意 5 种不同结果进行评价，由于不满意和非常不满意的人数比较少，故将此 2 类结果合并，汇总数据后分别按照城市和农村养老机构以及公办和民营 2 种不同性质的养老机构进行了两独立样本秩和检验，城乡比较结果中：环境卫生、设施和设备、等待入住时间长度、入住程序、入住方便性、文化娱乐活动、心理支持和医疗护理保健服务 8 个方面二者之间的差异有统计学意义；而按照养老机构不同性质进行两独立样本秩和检验，结果显示，老年人对公办和民营养老机构提供的服务项目中，除了环境卫生 1 项差异无统计学意义，其他 20 项结果差异有统计学意义，城市养老机构的环境卫生优于农村。结果详见表 2-30 和表2-31。

表 2-30 城乡养老机构内 958 名老年人养老服务满意度比较

项目	城乡	非常满意 n/%	满意 n/%	一般 n/%	不满意 n/%	z	P
环境卫生	城市	380 (49.5)	225 (29.3)	162 (21.1)	0 (0.0)	-2.892	0.004*
	农村	114 (59.7)	53 (27.7)	24 (12.6)	0 (0.0)		
	合计	494 (51.6)	278 (29.0)	186 (19.4)	0 (0.0)		
设施和设备	城市	167 (21.8)	494 (64.4)	100 (13.0)	6 (0.8)	-4.246	<0.001*
	农村	65 (34.0)	115 (60.2)	11 (5.8)	0 (0.0)		
	合计	232 (24.2)	609 (63.6)	111 (11.6)	6 (0.6)		
等待入住时长	城市	218 (28.4)	429 (55.9)	105 (13.7)	15 (1.9)	-3.832	<0.001*
	农村	69 (36.1)	117 (61.3)	5 (2.6)	0 (0.0)		
	合计	287 (30.0)	546 (57.0)	110 (11.5)	15 (1.6)		
入住程序	城市	163 (21.3)	557 (72.6)	43 (5.6)	4 (0.5)	-2.961	0.003*
	农村	56 (29.5)	130 (68.4)	4 (2.1)	1 (0.1)		
	合计	219 (22.9)	687 (71.8)	47 (4.9)	5 (0.5)		
入住方便性	城市	176 (22.9)	549 (71.6)	38 (5.0)	4 (0.5)	-2.334	0.020*
	农村	56 (29.3)	131 (68.6)	4 (2.1)	0 (0.0)		
	合计	232 (24.2)	680 (71.0)	42 (4.4)	4 (0.4)		
尊重程度	城市	205 (26.7)	533 (69.5)	26 (3.4)	3 (0.4)	-1.290	0.197
	农村	59 (30.9)	127 (66.5)	5 (2.6)	0 (0.0)		
	合计	264 (27.6)	660 (68.9)	31 (3.2)	3 (0.3)		
提供咨询服务	城市	228 (29.7)	500 (65.2)	36 (4.7)	3 (0.4)	-0.987	0.324
	农村	61 (31.9)	125 (65.4)	5 (2.6)	0 (0.0)		
	合计	289 (30.2)	625 (65.2)	41 (4.3)	3 (0.3)		
管理方面	城市	218 (28.4)	504 (65.7)	42 (5.5)	3 (0.4)	-1.327	0.185
	农村	60 (31.4)	126 (66.0)	5 (2.6)	0 (0.0)		
	合计	278 (29.0)	630 (65.8)	47 (4.9)	3 (0.3)		
服务态度	城市	218 (28.5)	499 (65.1)	46 (6.0)	4 (0.5)	-1.439	0.150
	农村	60 (31.6)	125 (65.8)	5 (2.6)	1 (0.1)		
	合计	278 (29.1)	624 (65.3)	51 (5.3)	5 (0.5)		
工作责任感	城市	225 (29.3)	488 (63.6)	49 (6.4)	5 (0.7)	-0.797	0.426
	农村	56 (29.3)	130 (68.1)	5 (2.6)	0 (0.0)		
	合计	281 (29.3)	618 (64.5)	54 (5.6)	5 (0.5)		
安全保护服务	城市	226 (29.5)	497 (64.8)	41 (5.3)	3 (0.4)	-0.785	0.432
	农村	58 (30.4)	128 (67.0)	5 (2.6)	0 (0.0)		
	合计	284 (29.6)	625 (65.2)	46 (4.8)	3 (0.3)		
跟踪随访方面	城市	225 (29.3)	493 (64.3)	45 (5.9)	4 (0.5)	-0.306	0.760
	农村	53 (27.7)	133 (69.6)	5 (2.6)	0 (0.0)		
	合计	278 (29.0)	626 (65.3)	50 (5.2)	4 (0.4)		
提供服务内容	城市	226 (29.5)	489 (63.8)	45 (5.9)	6 (0.8)	-0.688	0.491
	农村	56 (29.3)	130 (68.1)	5 (2.6)	0 (0.0)		
	合计	282 (29.5)	619 (64.7)	50 (5.2)	6 (0.6)		

表 2－30（续）

项目	城乡	非常满意 n/%	满意 n/%	一般 n/%	不满意 n/%	z	P
提供服务方式	城市	227（29.6）	492（64.1）	44（5.7）	4（0.5）	－0.365	0.715
	农村	55（28.8）	130（68.1）	5（2.6）	1（0.5）		
	合计	282（29.4）	622（64.9）	49（5.1）	5（0.5）		
服务技术水平	城市	222（28.9）	496（64.7）	44（5.7）	5（0.7）	－0.782	0.434
	农村	56（29.3）	130（68.1）	5（2.6）	0（0.0）		
	合计	278（29.0）	626（65.3）	49（5.1）	5（0.5）		
文化娱乐活动	城市	210（27.4）	428（55.8）	126（16.4）	3（0.4）	－2.260	0.024*
	农村	53（27.7）	130（68.1）	6（3.1）	2（1.0）		
	合计	263（27.5）	558（58.2）	132（13.8）	5（0.5）		
应急救助处理	城市	224（29.2）	475（61.9）	65（8.5）	3（0.4）	－0.784	0.433
	农村	53（27.7）	133（69.6）	5（2.6）	0（0.0）		
	合计	277（28.9）	608（63.5）	70（7.3）	3（0.3）		
心理支持	城市	205（26.7）	435（56.7）	112（14.6）	15（2.0）	－2.817	0.005*
	农村	54（28.3）	132（69.1）	5（2.6）	0（0.0）		
	合计	259（27.0）	567（59.2）	117（12.2）	15（1.6）		
社会支持	城市	215（28.0）	480（62.6）	69（9.0）	3（0.4）	－1.051	0.293
	农村	52（27.2）	134（70.2）	5（2.6）	0（0.0）		
	合计	267（27.9）	614（61.4）	74（7.7）	3（0.3）		
健康档案资料	城市	206（26.9）	508（66.2）	51（6.6）	2（0.3）	－1.032	0.302
	农村	53（27.7）	133（69.6）	5（2.6）	0（0.0）		
	合计	259（27.0）	641（66.9）	56（5.8）	2（0.2）		
医疗护理保健服务	城市	206（26.9）	439（57.2）	107（14.0）	15（2.0）	－2.573	0.010*
	农村	53（27.7）	133（69.6）	5（2.6）	0（0.0）		
	合计	259（27.0）	572（59.7）	112（11.7）	15（1.6）		

表 2－31　不同性质养老机构入住老年人对养老服务满意度比较

项目	机构性质	非常满意 n/%	满意 n/%	一般 n/%	不满意 n/%	z	P
环境卫生	公办	233（50.4）	134（29.0）	95（20.6）	0（0.0）	－0.833	0.405
	民营	261（52.6）	144（29.0）	91（18.3）	0（0.0）		
	合计	494（51.6）	278（29.0）	186（18.4）	0（0.0）		
设施和设备	公办	132（28.6）	313（67.7）	17（3.7）	0（0.0）	6.253	<0.001*
	民营	100（20.2）	296（59.7）	94（19.0）	6（1.2）		
	合计	232（24.2）	609（63.6）	111（11.6）	6（0.6）		
等待入住时长	公办	137（29.7）	302（65.4）	19（4.1）	4（0.9）	3.122	0.002*
	民营	150（30.2）	244（49.2）	91（18.3）	11（2.2）		
	合计	287（30.0）	546（57.0）	110（11.5）	15（1.5）		
入住程序	公办	121（26.2）	323（70.1）	16（3.5）	1（0.2）	2.925	0.003*
	民营	98（19.7）	364（73.3）	31（6.2）	4（0.8）		
	合计	219（22.8）	294（71.8）	47（4.9）	5（0.5）		
入住方便性	公办	123（26.6）	324（70.1）	14（3.0）	1（0.2）	2.266	0.023*
	民营	109（22.0）	356（71.8）	28（5.6）	3（0.6）		
	合计	232（24.2）	680（71.0）	42（4.4）	4（0.4）		

表 2-31（续）

项目	机构性质	非常满意 n/%	满意 n/%	一般 n/%	不满意 n/%	z	P
尊重程度	公办	156 (33.8)	295 (63.9)	11 (2.4)	0 (0.0)	4.382	<0.001*
	民营	108 (21.8)	365 (73.6)	20 (4.0)	3 (0.6)		
	合计	364 (27.6)	660 (68.9)	31 (3.2)	3 (0.3)		
提供咨询服务	公办	158 (34.2)	290 (62.8)	14 (3.0)	0 (0.0)	3.069	0.002*
	民营	131 (26.4)	335 (67.5)	27 (5.4)	3 (0.6)		
	合计	289 (30.2)	625 (65.2)	41 (4.3)	3 (0.3)		
管理方面	公办	158 (34.2)	288 (62.3)	16 (3.5)	0 (0.0)	3.836	<0.001*
	民营	120 (24.2)	342 (69.0)	31 (6.3)	3 (0.6)		
	合计	278 (29.0)	630 (65.8)	47 (4.9)	3 (0.3)		
服务态度	公办	157 (34.1)	287 (62.3)	17 (3.7)	0 (0.0)	3.773	<0.001*
	民营	121 (24.4)	337 (67.8)	34 (6.8)	5 (1.0)		
	合计	278 (29.0)	624 (68.3)	33 (8.2)	5 (0.5)		
工作责任感	公办	156 (33.8)	290 (62.8)	15 (3.2)	1 (0.2)	3.736	<0.001*
	民营	125 (25.2)	328 (66.1)	39 (7.9)	4 (0.8)		
	合计	281 (29.3)	618 (64.5)	54 (5.6)	5 (0.5)		
安全保护服务	公办	163 (35.3)	282 (61.0)	17 (3.7)	0 (0.0)	3.948	<0.001*
	民营	121 (24.4)	343 (69.2)	29 (5.8)	3 (0.6)		
	合计	284 (29.6)	625 (65.2)	46 (4.8)	3 (0.3)		
跟踪随访方面	公办	155 (33.5)	291 (63.0)	15 (3.2)	1 (0.2)	3.607	<0.001*
	民营	123 (24.8)	335 (67.5)	35 (7.1)	3 (0.6)		
	合计	278 (29.0)	626 (65.3)	50 (5.2)	4 (0.4)		
提供服务内容	公办	155 (33.5)	290 (62.8)	15 (3.2)	2 (0.4)	3.314	<0.001*
	民营	127 (25.7)	359 (66.5)	35 (7.1)	4 (0.8)		
	合计	282 (29.5)	619 (64.7)	50 (5.2)	6 (0.6)		
提供服务方式	公办	155 (33.5)	292 (63.2)	14 (3.0)	1 (0.2)	3.443	0.001*
	民营	127 (25.6)	330 (66.5)	35 (7.1)	4 (0.8)		
	合计	282 (29.4)	622 (64.9)	49 (5.1)	5 (0.5)		
服务技术水平	公办	154 (33.3)	287 (62.1)	19 (4.1)	2 (0.4)	3.002	0.003*
	民营	124 (25.0)	339 (68.3)	30 (6.0)	3 (0.6)		
	合计	278 (29.0)	626 (65.3)	49 (5.1)	5 (0.5)		
文化娱乐活动	公办	149 (32.3)	288 (62.3)	24 (5.2)	1 (0.2)	6.186	<0.001*
	民营	114 (23.0)	270 (54.4)	108 (21.8)	4 (0.8)		
	合计	263 (27.5)	558 (58.2)	132 (13.8)	5 (1.5)		
应急救助处理	公办	148 (32.0)	293 (63.4)	21 (4.5)	0 (0.0)	3.098	0.002*
	民营	129 (26.0)	315 (63.5)	49 (9.9)	3 (0.6)		
	合计	277 (28.9)	608 (63.5)	70 (7.3)	3 (0.3)		
心理支持	公办	147 (31.8)	292 (63.2)	23 (5.0)	0 (0.0)	6.256	<0.001*
	民营	112 (22.6)	275 (55.4)	94 (19.0)	15 (3.0)		
	合计	259 (27.0)	567 (59.2)	117 (12.2)	15 (1.6)		
社会支持	公办	145 (31.4)	296 (64.1)	21 (4.5)	0 (0.0)	3.527	<0.001*
	民营	122 (24.6)	318 (64.1)	53 (10.7)	3 (0.6)		
	合计	267 (27.9)	614 (64.1)	74 (7.7)	3 (0.3)		

表 2-31（续）

项目	机构性质	非常满意 n/%	满意 n/%	一般 n/%	不满意 n/%	z	P
健康档案资料	公办	142 (30.7)	302 (65.4)	18 (3.9)	0 (0.0)	3.172	0.002*
	民营	117 (23.6)	339 (68.2)	38 (7.7)	2 (0.4)		
	合计	259 (27.0)	641 (66.9)	56 (5.8)	2 (0.2)		
医疗护理保健服务	公办	141 (30.5)	295 (63.9)	19 (4.1)	7 (1.5)	5.009	<0.001*
	民营	118 (23.8)	277 (55.8)	93 (18.8)	8 (1.6)		
	合计	259 (27.0)	572 (59.7)	112 (11.7)	15 (1.6)		

注：* 表示 Fisher 确切概率。

2.2.3 老年人的医疗服务需要及利用

2.2.3.1 老年人的健康状况

通过对 958 名老年人的健康状况进行调研，得出老人对身体状况自评情况：11.06%的老人认为身体状况很好，27.24%的老人认为身体状况较好，45.30%的老人认为身体状况一般，14.72%的老人认为身体状况较差，1.67%的老人认为身体状况很差。857 名老人（89.46%）在调查前半年内患有经医生诊断的慢性病，详见表 2-32。

表 2-32 老年人的健康状况

名称	分组	人数/人	频率/%
身体状况自评	很好	106	11.06
	较好	261	27.24
	一般	434	45.30
	较差	141	14.72
	很差	16	1.67
患有慢性病①	高血压	235	27.42
	乙型病毒性肝炎	108	12.60
	冠心病	105	12.25
	腰椎疾病	68	7.93
	慢性支气管炎	56	6.53
慢性病种类	1 种	55	6.42
	2 种	267	31.16
	3 种以上	535	62.43

①表示列出排序前 5 位慢性疾病。

2.2.3.2 老年人两周患病情况

958 名老年人两周患病 261 人，两周患病率为 27.2%。其中 767 名城市养老机构入住老人两周患病有 224 人，两周患病率为 29.2%；191 名农村养老机构入住老人两周患病有 37 人，两周患病率为 19.4%，养老机构入住老人两周患病率城市高于农村，差异有统计学意义（$\chi^2=7.459$，$P=0.006$），结果见表 2-33。

表 2-33 入住老人两周患病情况

两周患病	城市养老机构		农村养老机构		合计		χ^2	P
	数量 (n)	比例 /%	数量 (n)	比例 /%	数量 (n)	比例 /%		
是	224	29.2	37	19.4	261	27.2	7.459	0.006
否	543	70.8	154	80.6	697	72.8		
合计	767	100.0	191	100.0	958	100.0		

2.2.3.3 两周就诊情况

261 名两周患病的入住老人中有 221 例在医疗机构就诊，两周就诊率为 84.7%，39 例选择自己买药治疗，占 14.9%，1 例未采取任何处理措施，占 0.4%。224 名患病的城市养老机构入住老人中有 194 例在医疗机构就诊，两周就诊率为 86.6%；37 例患病的农村养老机构入住老人中有 27 例在医疗机构就诊，两周就诊率为 73.0%。城乡养老机构入住老人两周就诊情况差异有统计学意义（$P=0.015$）。详见表 2-34。

表 2-34 入住老人两周就诊情况

患病处理方式	城市养老机构		农村养老机构		合计		χ^2	P
	数量 (n)	构成比 /%	数量 (n)	构成比 /%	数量 (n)	构成比 /%		
去医疗机构就诊	194	86.6	27	73.0	221	84.7	—	0.015*
自己买药治疗	30	13.4	9	24.3	39	14.9		
未采取任何措施	0	0.0	1	2.7	1	0.4		
合计	224	100.0	37	100.0	261	100.0		

注：* 表示 Fisher 确切概率。

2.2.3.4 未就诊原因

入住老人未就诊的主要原因为自己买药治疗、自感病轻和家人没有时间陪护。经检验，不同类型养老机构入住老人患病后未就诊的原因分布情况差异无统计学意义（$P>0.05$）。详见表 2-35。

表 2-35 入住老人未就诊的原因（可多选）

未就诊原因	城市养老机构 ($n=30$)		农村养老机构 ($n=10$)		合计 ($n=40$)		χ^2	P
	数量 (n)	发生率 /%	发生率 /%	数量 (n)	数量 (n)	发生率 /%		
自己买药治疗	30	100.0	9	90.0	39	97.5	—	0.250*
自感病轻	15	50.0	7	70.0	22	55.0	0.539	0.463
家人没时间陪护	17	28.0	4	57.1	21	52.5	0.301	0.583
经济困难	1	16.0	2	42.9	3	7.5	—	0.149*
无有效措施	2	6.7	1	10.0	3	7.5	—	1.000*

注：* 表示 Fisher 确切概率。

2.2.3.5 养老机构外医疗机构就诊原因

到医疗机构就诊的 221 人中，在养老机构内医疗机构就诊 66 人，占

29.86%；在养老机构外医疗机构就诊的有155人，占70.14%。27名农村养老机构入住老人均在养老机构外就诊，194名城市养老机构入住老人到养老机构外医疗机构就诊的有128人，占65.98%。养老机构入住老人到养老机构外医疗机构就诊原因，城市养老机构入住老人的原因由高到低是：医疗功能不齐全、医疗技术差、不是医保定点单位、没有可信赖的医生、服务态度差；农村养老机构入住老人的原因由高到低是：医疗功能不齐全、医疗技术差、没有可信赖的医生、服务态度差、不是医保定点单位。详见表2-36。

表2-36 养老机构外医疗机构就诊原因分析（可多选）

到养老机构外医疗机构就诊原因	城市养老机构（n=128）		农村养老机构（n=27）		合计（n=155）		χ^2	P
	数量（n）	发生率/%	数量（n）	发生率/%	数量（n）	发生率/%		
没有可信赖的医生	3	2.3	7	25.9	10	6.5	131.150	<0.001
医疗技术差	33	25.8	7	25.9	40	25.8	0.000	1.000
服务态度差	0	0.0	4	14.8	4	2.6	14.018	<0.001
医疗功能不齐全	80	62.5	27	100.0	107	69.0	14.667	<0.001
不是医保定点单位	30	23.4	3	11.1	33	21.3	2.022	0.155

2.2.3.6 养老机构外医疗机构就诊情况

养老机构外医疗机构就诊情况调查结果显示，城市入住老年人128人、农村入住老年人27人，其中城市养老机构入住的老年人就诊首选医疗机构由高到低分别是：市医院、县区医院、乡镇卫生院/街道社区卫生服务中心、省级医院、私人诊所；农村养老机构入住的老年人就诊首选医疗机构由高到低分别是：县区医院、乡镇卫生院/街道社区卫生服务中心、市医院、私人诊所，未见有老年人在省级医院就诊，城市和农村进行比较差异有统计学意义（$P<0.001$），详见表2-37。

表2-37 养老医疗机构外医疗机构就诊情况

到养老机构外医疗机构就诊情况	城市养老机构（n=128）		农村养老机构（n=27）		合计（n=155）		χ^2	P
	数量（n）	发生率/%	数量（n）	发生率/%	数量（n）	发生率/%		
私人诊所	1	0.8	1	3.7	2	0.0	—	<0.001*
乡镇卫生院/街道社区卫生服务中心	10	7.8	6	22.2	16	10.3		
县区医院	17	13.3	18	66.7	35	22.6		
市医院	94	73.4	2	7.4	96	61.9		
省级医院	6	4.7	0	0.0	6	5.2		
合计	128	100.0	27	100.0	155	100.0		

注：* 表示Fisher确切概率。

2.2.3.7 住院情况

（1）老年人住院情况

958名老年人调查前一年内经医生诊断需要入院接受治疗者539人，入院接受过治疗491人，调查前一年住院率为51.3%，应住院未住院人数48人，应住院未住院率为8.9%。城市养老机构入住老年人住院率为49.7%，农村养老机构入住老人住院率为57.6%。城乡养老机构入住老年人住院情况差异无统计学意义(P=0.052)。详见表2-38。

表2-38 入住老年人住院情况

住院情况	城市养老机构		农村养老机构		合计		χ^2	P
	数量(n)	比例/%	数量(n)	比例/%	数量(n)	比例/%		
是	381	49.7	110	57.6	491	51.3	3.837	0.052*
否	386	50.3	81	42.4	467	48.7		
合计	767	100.0	191	100.0	958	100.0		

注：*表示Fisher确切概率。

(2) 未住院原因

入住老人未住院的主要原因为自己买药治疗、无有效措施、经济困难、自感病轻和家人没有时间陪护。经检验，不同类型养老机构入住老人未住院的原因分布情况差异无统计学意义（P>0.05)。详见表2-39。

表2-39 入住老人应住院未住院的原因（可多选）

未住院原因	城市养老机构(n=39)		农村养老机构(n=9)		合计(n=48)		χ^2	P
	数量(n)	发生率/%	数量(n)	发生率/%	数量(n)	发生率/%		
自己买药治疗	19	48.7	9	100.0	28	58.3	5.943	0.015
自感病轻	15	38.5	2	22.2	17	35.4	0.283	0.344
家人没有时间陪护	5	12.8	0	0.0	5	10.4	—	0.568*
经济困难	16	41.0	4	44.4	20	84.4	0.035	0.851
无有效措施	19	48.7	5	55.6	24	50.0	—	1.000*

注：*表示Fisher确切概率。

(3) 养老机构外住院首选医疗机构情况

城市59.1%养老机构入住老人选择在市级医院住院，20.6%入住老人选择在县/区医院住院，19.6%选择在省级医院住院；农村49.4%养老机构入住老人选择在市级医院住院，47.2%入住老人选择在县/区医院住院，仅有2.2%选择在省级医院住院。城乡养老机构入住老人首选住院的医疗机构分布情况差异有统计学意义（P<0.001)。详见表2-40。

表 2－40 调查前 1 年入住老人首选住院医疗机构分布情况

院外住院首选医疗机构	城市养老机构		农村养老机构		合计		χ^2	P
	数量（n）	比例/%	数量（n）	比例/%	数量（n）	构成比/%		
乡镇卫生院或社区卫生服务中心	2	0.7	1	1.1	3	0.8	34.621	<0.001
县/区医院	59	20.6	42	47.2	101	26.9		
市级医院	169	59.1	44	49.4	213	56.8		
省级医院	56	19.6	2	2.2	58	15.5		
合计	286	100.0	89	100.0	375	100.0		

2.2.3.8 医疗服务利用影响因素分析

（1）入住老人调查前两周就诊影响因素的 logistic 回归分析

以调查前两周内是否就诊为因变量，以机构来源、年龄、性别、婚姻状况、子女个数、医保类别、身体健康状况自评和目前经济收入 8 个变量为自变量进行 logistic 回归分析，赋值情况见表 2－41。结果发现，医保类别和身体健康状况自评影响两周就诊情况，城镇居民医保、新型农村合作医疗保险、公费/劳保、其他这 4 种医保类别比城镇职工医保者更易发生两周就诊情况。身体健康状况自评越差者更易发生两周就诊情况。详见表 2－42。

表 2－41 变量赋值表

变量	赋值说明
两周就诊（Y）机构来源（X_1）	1=是，0=否 1=城市，2=农村 1=60—70，
年龄（X_2）/岁	2=71—80，3=>80（参照）
性别（X_3）	1=男，2=女
婚姻状况（X_4）	1=在婚（参照），2=丧偶，3=离婚，4=未婚
子女个数（X_5）/个	1=0（参照），2=1，3=>2
医保类别（X_6）	1=城镇职工医疗保险（参照），2=城镇居民医疗保险，3=新型农村合作医疗保险，4=公费/劳保，5=自费，6=其他（额外补助）①
身体健康状况自评（X_7）	1=很好（参照），2=较好，3=一般，4=较差，5=很差
目前经济收入（X_8）/（元·月$^{-1}$）	1=<2000（参照），2=2000～5000，3=>5000

①2016 年 8 月湖南省整合城镇居民基本医疗保险和新型农村合作医疗保险为城乡居民基本医疗保险，但各地合并进度不一致，且筹资政策有差异，为便于比较城乡差异，仍沿用合并前的保险分类。

表 2－42 调查前两周就诊影响因素的 logistic 回归分析结果

变量		b	Sb	$Wald\chi^2$	P	OR	OR（95%CI）下限	OR（95%CI）上限
机构来源	城市	－0.392	0.324	1.467	0.226	0.676	0.358	1.274
	农村					1.000		
年龄/岁	60～70	0.020	0.012	2.716	0.099	1.020	0.996	1.045
	71～80	0.023	0.022	2.510	0.090	1.065	0.976	1.156
	>80					1.000		

表 2－42（续）

变量		b	Sb	$Wald\chi^2$	P	OR	OR（95%CI）	
							下限	上限
性别	男	－0.170	0.188	0.824	0.364	0.843	0.584	1.218
	女					1.000		
婚姻状况	丧偶	－0.336	0.208	2.594	0.107	0.715	0.475	1.076
	离婚	－0.224	0.516	0.188	0.665	0.800	0.291	2.199
	未婚	－0.388	0.412	0.884	0.347	0.679	0.302	1.523
	在婚					1.000		
子女个数/个	1	0.099	0.063	2.493	0.114	1.104	0.976	1.249
	＞2	0.020	0.013	2.643	0.098	1.030	0.993	1.079
	0					1.000		
医疗保险类别	城镇居民	0.584	0.225	6.731	0.009	1.793	1.154	2.788
	新农合	0.713	0.291	6.013	0.014	2.040	1.154	3.607
	公费/劳保	1.502	0.530	8.022	0.005	4.491	1.588	12.700
	自费	1.057	0.631	2.811	0.094	2.878	0.836	9.905
	城镇职工					1.000		
	其他①	1.650	1.270	1.689	0.194	5.207	0.432	62.721
身体健康状况自评	较好	0.370	0.223	8.608	0.089	1.205	1.030	1.680
	一般	0.320	0.101	9.998	0.052	1.377	1.129	1.243
	较差	1.072	0.661	2.913	0.005	2.684	0.943	8.547
	很差	1.032	0.563	2.814	0.002	2.851	0.915	9.806
	很好					1.000		
经济收入/（元·月$^{-1}$）	2000～5000	0.020	0.021	3.698	0.054	1.002	0.993	1.008
	＞5000	1.220	0.735	2.718	0.084	2.241	1.327	2.461
	＜2000				1.000			

①其他是指个别地区对老年人医疗的额外补助，归类于医疗保险的其他类别。

（2）入住老人调查前一年住院影响因素的 logistic 回归分析

以调查前一年是否住院为因变量，以机构来源、年龄、性别、婚姻状况、子女个数、医保类别、身体健康状况自评和经济收入（元/月）为自变量进行 logistic 回归分析，赋值情况见表 2－41，结果发现机构来源、子女个数和医保类别影响调查前一年住院情况，农村老人比城市老人更易发生调查前一年住院情况，城镇居民医保比城镇职工医保者更易发生调查前一年住院情况，子女个数越多者更易发生调查前一年住院情况。详见表 2－43。

表 2－43　调查前一年住院影响因素的 logistic 回归分析结果

变量		b	Sb	$Wald\chi^2$	P	OR	OR（95%CI）	
							下限	上限
机构来源	农村	0.695	0.223	9.732	0.002	2.004	1.295	3.102
	城市					1.000		
年龄/岁	60—70	0.011	0.009	1.502	0.220	1.011	0.994	1.028
	71—80	0.032	0.082	1.324	0.312	1.623	0.793	1.235
	＞80					1.000		

表 2-43（续）

变量		b	Sb	$Wald\chi^2$	P	OR	OR（95%CI）	
							下限	上限
性别	男	-0.048	0.141	0.116	0.734	0.953	0.723	1.257
	女					1.000		
婚姻状况	丧偶	-0.301	0.159	3.588	0.058	0.740	0.542	1.011
	离婚	-0.493	0.366	1.813	0.178	0.611	0.298	1.252
	未婚	-0.059	0.286	0.043	0.835	0.942	0.538	1.649
	在婚					1.000		
子女个数/个	1	0.102	0.049	4.266	0.039	1.108	1.005	1.220
	>2	0.165	0.821	3.710	0.003	1.215	1.021	1.572
	0					1.000		
医疗保险类别	城镇居民	0.370	0.175	4.445	0.035	1.447	1.026	2.041
	新农合	-0.288	0.216	1.778	0.182	0.750	0.491	1.145
	公费/劳保	-0.256	0.434	0.349	0.555	0.774	0.331	1.812
	自费	-0.888	0.606	2.146	0.143	0.411	0.125	1.350
	其他	0.846	1.238	0.466	0.495	2.330	0.206	26.387
	城镇职工					1.000		
身体健康状况自评	较好	0.077	0.074	1.083	0.298	1.080	0.934	1.248
	一般	0.033	0.021	1.562	0.132	1.092	0.992	1.831
	较差	0.620	0.055	1.901	0.057	1.127	0.172	1.730
	很差	0.510	0.351	1.912	0.055	1.190	0.336	1.382
	很好					1.000		
经济收入（元/月）	2000～5000	0.000	0.000	0.011	0.918	1.000	1.000	1.000
	>5000	0.020	0.011	0.013	0.765	1.401	1.033	1.352
	<2000					1.000		

2.2.4 定性访谈结果

2.2.4.1 访谈对象一般资料情况

访谈对象为41家养老机构的管理人员，访谈对象的平均年龄为44.44±6.23岁，平均工龄为22.41±5.44年，从事养老服务时间平均为17.93±4.57年，从事养老服务管理时间平均为15.59±3.44年，从事养老服务研究时间平均为22.41±5.44年。

学历情况：本科以下学历为20人（48.8%），本科学历21人（51.2%）；职称构成为中级职称28人（68.3%），副高级职称12人（29.3%），正高级职称1人(2.4%)；从职务结果显示院长29人（70.7%），副院长10人（24.4%），主任和科长各1人（2.4%）。一般资料情况详见表2-44。

表 2-44 访谈对象一般资料情况

名称	分组	人数	构成比/%
性别	男	16	39.00
	女	25	61.00

表 2-44（续）

名称	分组	人数	构成比/%
年龄/岁	<40	13	31.70
	40—49	19	46.30
	>50	9	21.80
学历	本科以下	20	48.80
	本科	21	51.20
工龄/年	<15	4	9.80
	16～20	15	36.60
	21～25	8	19.60
	>25	14	34.10
从事养老服务时间/年	<15	14	34.10
	16～20	20	48.70
	21～25	5	12.20
	>25	2	4.80
从事养老服务管理时间/年	<15	23	56.10
	>15	18	43.90
从事养老服务研究时间/年	<15	4	9.80
	16～20	15	36.60
	21～25	8	19.60
	>25	14	34.10
职称	中级	28	68.30
	副高级	12	29.30
	高级	1	2.40
职务	主任	1	2.40
	科长	1	2.40
	副院长	10	24.40
	院长	29	70.70
对综合评价指标的熟悉程度	很熟悉	38	92.70
	熟悉	3	7.30

2.2.4.2 访谈主要结果

通过对 41 名访谈对象对长期照护服务的 5 个相关问题录音资料转换成文本资料，进行整理及归纳分析，共得到 205 篇文本，后将“汇总 . txt”以及 5 个问题各 41 篇文本分类汇总的“问题 . txt”导入 ROST CM6 音频分析软件进行统计分析，应用 ROST 内容挖掘软件通过词频分析及社会网络分析模块构建矩阵得到以下结果。

5 个问题汇总样本的高频词和词频表。通过软件的分词功能和关键词语频率分析 2 个模块，获得排名前 20 的高频词和词频表，词频最高的是长期、服务、养老 3 个词，频次均为 239；其次是照护，频次为 238。结果认为养老机构的长期照护服务质量需要加强，从工作人员素质、老年人、政府保障、护理、医疗等方面加强，建立统一的国家评估标准。详见表 2-45。

表 2-45 5个问题汇总样本的高频词和词频表

序号	关键词	词频
1	长期	239
2	服务	239
3	养老	239
4	照护	238
5	机构	226
6	质量	190
7	提高	144
8	人员	142
9	加强	142
10	老年人	124
11	政府	123
12	保障	123
13	管理	108
14	评估	108
15	护理	107
16	素质	104
17	医疗	96
18	统一	96
19	标准	96
20	国家	94

2.3 讨论

2.3.1 湖南省养老机构的现状

2.3.1.1 养老机构的地理分布及构成比

本研究结果显示，各地市养老机构地理分布以长沙市的养老机构数量最多为11家（26.83%）；其次是怀化市和衡阳市，均为5家养老机构（12.20%）。湖南省各地市养老机构的数量分布不均衡，与当地的人口密度、老龄化程度以及地方经济等多方面因素有关。在随机多阶段整群抽样时，考虑到样本的代表性，从湖南省不同地理位置分布的养老机构中抽取，能从多角度反映湖南省提供长期照护服务的养老机构真实情况。研究结果表明，湖南省现有的养老机构地理分布初具规模，尤其是省会城市养老服务资源优势突出，而其他地市养老机构设置存在区域发展不平衡现象；农村养老机构基本按照1个乡镇配套建设1家养老机构。城乡养老机构的分布明显存在差异，建议各地根据人口密度、老年人口数及当地资源进行科学规划布局，统筹建设各类养老机构。

2.3.1.2 养老机构入住准入条件

研究结果显示41家养老机构均要求入住老人的条件为：年龄不小于60岁、

无任何传染病、半失能老人和失能老人，这与庞庆泉等[160]对广西养老机构入住条件研究一致，但低于浙江省宁波颐乐园[161]的入住条件，该园要求70岁以上才有资格登记。护理型和普通型床位均紧张。研究的41家养老机构中，城市公办养老机构床位紧张，因城市公办养老机构配备了医护人员，并纳入了医疗保险定点范围；城市民营养老机构及农村养老机构则入住方便，城市民营养老机构主要收住自费老人，主要为刚需人群且有支付能力的老人；湖南省每个乡镇均建有养老机构，可能由于传统观念影响了入住率，因此均有部分床位闲置现象，入住较方便，与陈江芸的研究观点一致[162]。近年来，湖南省政府大力发展养老服务事业，城乡养老机构规模与各地老年人口基本匹配，结构上仍需调整，护理型床位不够。本研究中27家养老机构肩负了政府兜底功能，收住“三无五保”老人以及临时需要救助的人。服务人群均选择了半失能和失能老人，与戴卫东等[163]研究的上海市情况一致，即目前长期照护刚需人群主要为半失能和失能老人。

2.3.1.3 养老机构的性质

本研究41家养老机构的性质结果显示，公办的养老机构占46.34%，民营养老机构为43.90%，公建民营机构占9.76%。对来自不同性质的养老机构进行现场研究，能相对全面综合反映湖南省长期照护养老服务现状。养老机构的性质现状说明养老服务工作的开展主要是政府主导，国家为促进养老事业发展出台了系列优惠政策和规范管理的文件，与国内学者于竞宇等[164]的观点一致。公建民营性质养老机构的出现是国家2013年发布的《国务院关于加强发展养老服务业的若干意见》[165]提出的关于公办养老机构改制试点要求而尝试转制。说明湖南省有一部分社会力量已积极投入老年人的长期照护服务，需要政府继续鼓励支持动员更多的社会资源进入老年人服务事业，加大公办养老机构改革力度，扩大公建民营养老机构的数量，激发公办养老机构的活力。

2.3.1.4 医养结合情况

本研究41家养老机构中未设医疗机构的养老机构为30家（73.1%），而内设医疗机构的养老机构7家和医疗机构内设养老机构4家，共占百分比26.9%。说明目前湖南省的医养结合型养老机构较少。国发〔2013〕35号《国务院关于加快发展养老服务业的若干意见》指出要促进医疗卫生资源融入养老机构；要支持鼓励养老机构设置医疗机构[165]。李敏等[37]研究认为我国医养结合的发展滞后于人口老龄化。《民政事业发展第十三个五年规划》[166]提出加快推进医疗卫生与养老服务相结合，推动医疗卫生和养老服务资源有序共享。表明湖南省与全国养老机构的医养结合状况一致，医养结合有待加强。

2.3.1.5 开展的服务项目情况

所有的机构均开展了膳食服务和清洁卫生服务两项，其次是生活照料服务。所有机构均提供或协助急救和出诊服务。对于多数未设医疗机构的养老机构，养老机构并不能为老人提供医疗服务，均通过与附近的医疗机构签订合作协议，来满足老年人的医疗服务需求。国内学者李敏等[37]和蒋雯雯[42]认为提供的养老服务不够系统化，服务项目侧重于家政服务和娱乐活动等，在医疗护理方面，主要以补救式医疗服务为主，没有形成集预防、康复、医疗、护理照料为一体的服务体系，难以满足老年人在医疗健康方面的需求。表明湖南省的养老服务项目需加强医疗服务的开展。

2.3.1.6 养老机构的面积、房间类型及床位利用率现状

研究结果显示，城市和农村养老机构的绿化面积差异有统计学意义，农村养老机构绿化面积明显优于城市养老机构，湖南省农村养老机构绿化面积高；各养老机构具备的房间类型各不相同；养老机构的床位利用情况结果显示，湖南省养老机构平均床位利用率为49.88%，整体床位利用率不高，其中民营（含公建民营）养老机构有3家机构床位利用率达到了100%，最低床位利用率是20%；公办养老机构有2家机构床位利用率达到了100%，最低床位利用率是27%；城乡比较结果显示，城市最低床位利用率是20%，农村最低床位利用率是31%。床位利用率较高的机构均为能提供医疗服务的机构，民营机构床位利用率高的机构为专门提供长期照护的专业品牌连锁机构，服务技术人员中部分为护士，具有明显的优势。床位利用率不高的原因主要有：设施条件陈旧，提供的服务无吸引力，无法满足个性化要求，护理型床位少[167]。建议主管部门加大力度助推医养融合发展，引导更多的医疗卫生资源进入长期照护的养老机构，适当控制普通养老床位的投入建设，减少资源浪费，提高床位利用率。从服务对象方面可能存在的原因有：传统文化理念，不愿离开亲人和家庭入住养老机构，另外主要因为经济的原因导致床位利用率低下。

2.3.2 养老服务技术人员现状

2.3.2.1 养老服务技术人员队伍结构现状

本研究结果显示，来自湖南省41家养老机构的550名服务技术人员队伍中女性占绝大多数，高达82.5%，平均年龄偏大，为44.93±10.39岁，普遍受教育程度偏低，初中学历人数高达42%；从事养老服务工作时间结果显示工作时间5年以下达到67.6%，工作时间不长可能由于人员队伍稳定性不高，也存在近几年各级政府高度重视，吸引或招聘了大量的该行业从业人员。职业资格证书结果显示：具有养老护理员证书者达到61.3%；无证书的养老护理员达到26.9%，说明从事养老服务技术人员主要是养老护理员，并且多数具有资格证书。职称结构中初级职称为65.3%；无职称证书者达到26.9%，反映目前养老服务技术人员队伍职称结构不合理，需稳定人员队伍，提高中级和高级职称人员比例。收入情况：36.7%养老服务技术人员收入为2001～3000元/月，30.9%养老服务技术人员收入为3001～4000元/月，说明目前从事养老服务技术人员普遍收入不高。湖

南省养老服务技术人员队伍结构现状与郭晶等[168]对浙江省养老机构护理员队伍研究及李敏等[169]对湖南省165名养老护理员研究结果一致，表明湖南省养老服务技术人员队伍现状为整体年龄偏大、受教育水平低、从业时间短、队伍不稳定和收入不高，建议当地政府和养老机构联动采取措施吸引优质人才加入养老服务技术人员队伍，优化服务人员结构；对于在岗人员，养老机构应切实提高养老护理员工资福利待遇，探索建立养老护理员特殊岗位补贴制度。

2.3.2.2　养老服务技术人员的培训情况及对工作的态度意愿现状

研究结果表明，所有养老服务技术人员均参与过培训，培训超过7天者378人（68.7%），说明机构重视技术人员的培训；52.18%的养老服务技术人员选择从事该项工作是为了生计，34.36%表示喜欢从事养老服务技术工作，说明养老服务工作的社会价值得到了部分从业人员的认可；对工作不满意的原因主要是收入太低以及社会地位低；离职意愿结果显示50.4%的人员可能会离职，说明养老服务技术人员队伍不稳定，有离职意愿倾向者占多数，与国内学者于敬竹对养老机构的服务人员研究发现的问题相同[170]。建议从提高福利待遇等方面着手，尊重养老服务技术人员，加强该服务人群的职业认同感，从而稳定服务队伍。

2.3.3　入住老年人服务需求及满意度现状

2.3.3.1　入住养老机构的老年人现状

本研究结果显示，958名老年人中，女性达到51.98%；平均年龄为78.13±8.13岁；80.06%为城镇户口；老年人的受教育程度普遍偏低；婚姻状况显示丧偶者达到53.03%，说明入住机构的老年人多数无配偶，未婚者主要是农村敬老院入住的老年人，未婚原因为年轻时家庭经济条件较差，加之受教育程度低，也存在少数老年人性格很难与人相处以及残疾等情况导致未婚；55.85%的老年人经济来源显示为退休金，结果反映入住机构的老年人群收入不高；老年人入住养老机构的主要原因是需要长期照护；关于养老服务费用情况结果显示主要由床位费、老年人护理费、老年人伙食费及其他费用4部分组成，90%以上的养老机构每一部分收费均小于1000元/月，92.28%的老人认为收费合理，说明老年人能接受目前养老服务的收费标准。该部分研究结果与张婷[171]于2016对张家港市农村老年人的一般现状多数一致，仅仅婚姻状况不一致。

2.3.3.2　老年人的养老服务需求现状

研究显示城市与农村老年人的需求在梳头、居室清洁、床单位清洁和洗衣服4个服务项目统计结果差异有统计学意义，其他40项无差异，说明城市和农村入住养老机构的老年人长期照护服务需求多数是相同的，主要集中在日常生活照料、医疗护理服务、心理支持、文化娱乐活动等方面。国外Melanie等[172]和JULIE等[173]从服务对象的需求出发对老年人服务需求进行了研究并为政府提供改革的建议，我国司明舒[174]对老年人服务供需进行了研究，国内外已有的关于老年人养老服务需求研究观点与本研究一致。老年人对养老服务满意度的研究结果显示，城市和农村入住机构的老人在环境卫生、设施和设备、等待入住时长和医疗护理保健服务等 8 个方面二者之间的满意度有区别，而按照养老机构不同性质进行比较，老年人对公办和民营养老机构提供的养老服务，仅有环境卫生差异无统计学意义，其他 20 项均有区别，说明不同性质养老机构提供的服务满意度有差异，具体与养老机构的环境、设施设备条件和服务内容等多方面因素相关。

2.3.4 老年人医疗服务需要及利用现状

本研究结果表明，89.46%的老人在调查前半年内患有慢性病，老人所患慢性疾病中排名前 5 位分别是高血压、乙型病毒性肝炎、冠心病、腰椎疾病和慢性支气管炎；老人患有慢性疾病种类结果显示：62.43%的老人患有 3 种以上疾病，31.16%的老人患有 2 种疾病，说明老人多数同时患有多种疾病，与郭海霞[175]对西安市失能老人研究及曹煜玲[176]对大连市老年人的研究结果相同，多数老年人在生命的最后 20 年患有 2 种以上的疾病，基本上是在非健康状态下度过的。表明湖南省养老机构中入住老年人多数患有慢性病且同时患有 3 种以上疾病。

研究结果显示，958 名老年人的两周患病率为 27.2%。其中城市养老机构入住老人两周患病率为 29.2%，农村养老机构入住老人两周患病率为 19.4%，养老机构入住老人两周患病率城市高于农村，可能与城市在医疗服务利用方面比较便捷有关，农村养老机构提供医疗服务基本是采取与附近卫生院联合的方式，医疗服务利用相对不如城市。

调查前两周就诊情况，城乡养老机构入住老人两周就诊情况差异有统计学意义（$P=0.015$），两周就诊率为 84.7%，城市养老机构入住老人两周就诊率为 86.6%，而农村养老机构入住老人在医疗机构就诊的两周就诊率为 73%。说明城市养老机构入住老人相对重视健康问题，在就医积极性方面高于农村养老机构入住。

未就诊原因，城市养老机构和农村养老机构入住老人未就诊的主要原因，主要是：自己买药治疗、自感病轻和家人没时间陪护，与徐波[177]等人的研究结果基本一致。而不同类型养老机构入住老年人患病后未就诊的原因分布情况差异无统计学意义。

研究结果表明，城市养老机构入住老人到养老机构外医疗机构就诊原因主要是：医疗功能不齐全、医疗技术差、不是医保定点单位和没有可信赖的医生；而农村养老机构主要原因是医疗功能不齐全、医疗技术差、没有可信赖的医生、服务态度差和不是医保定点单位。因此养老机构需要针对老年人拓展医疗服务项目并提高医疗服务技术水平，创造条件纳入医保，方便老年人就医。

城市入住老年人就诊首选医疗机构是市医院和县区医院；农村养老机构入住的老年人就诊首选医疗机构是县区医院和乡镇卫生院。城市与农村的差异主要与老年人居住的地理位置相关，老年人往往就近选择就诊的医疗机构。

研究结果显示，老年人调查前一年住院率为 51.3%，应住院未住院率为 8.9%。城市养老机构入住老年人住院率为 49.7%，农村养老机构入住老人住院率为57.6%。城乡养老机构入住老人住院情况差异无统计学意义。超过 50%的入住养老机构的老年人需要医疗服务，因此，养老机构必需加强医疗服务，与陈江芸[162]的研究观点相同。

本研究结果表明：入住老人调查前两周就诊影响因素有城镇居民医保、新农合、公费/劳保及身体健康状况自评越差者更易发生两周就诊情况；入住老人调查前一年住院影响因素与机构来源、子女个数和医保类别有关，农村老人比城市老人更易发生调查前一年住院情况，城镇居民医保比城镇职工医保者更易发生调查前一年住院情况，子女个数越多者更易发生调查前一年住院情况，与郭斌等[178]研究结果保持一致，医疗保险制度提高老人门诊及住院服务的利用。身体健康状况自评差的老人易就诊可能与老人比较关注身体健康状况有关，而促进就诊；农村老人和城镇居民医保者更易发生住院，可能与身体健康状况较差有关，子女个数越多，老人更多受到子女的关心而容易发生住院。

总之，城乡养老机构入住老人在医疗服务需要和利用方面比较有差异，与老人居住环境、生活环境、健康观念及医疗保险等因素相关[179]。

2.3.5 定性访谈结果分析

研究结果显示：认为我国养老机构的长期照护服务现状近几年有提升和改善，与国际较好的长期照护服务比较仍有差距，需要加大力度提升服务质量。访谈结果核心高频词分别是：长期、照护、管理、质量、服务、医疗、政府、保障、机构养老、人员、保险、结合、保险、老年人、政策、护理、标准、统一等词。经查阅文献得知目前未见将 ROST CM6 音频分析软件应用于分析长期照护服务定性访谈的研究，已有的文献主要是用该软件来分析旅游服务相关的网络文本[180]。分析结果认为湖南省老年人的长期照护服务现状存在以下问题：服务质量参差不齐，养老机构需从设施设备建设、引进医务人员、推动医养结合及培训在岗技术人员等方面多措并举，管理提升服务质量。当地政府需对老年人的长期照护加大政策支持力度，改善农村敬老院长期从事养老服务基层管理人员的待遇和编制问题，加大投入经费，加强监管，建立老年人的长期照护服务质量评价标准并常规评估等，多措并举改善服务质量。

2.3.6 建议

基于湖南省养老机构长期照护服务现状提出以下建议。

2.3.6.1 统筹规划科学建设养老机构

政府决策层统筹规划，根据各地市及乡镇实际情况制定强有力的政策来推动与保障养老机构的建设。依靠和动员全社会力量，改变养老机构建设以政府投资为主的现状，吸引社会力量积极介入养老服务事业，学习北京、上海、广州、南京等发达城市已有的经验，灵活应用公建民营和政府租用场地免费让民办机构经营等方式，鼓励社会组织和个人以投资、承包、租赁、托管、股份制等多种形式参与养老服务业发展；理顺扶持优质民办养老机构发展的补贴政策、相应配套措施及保障机制，形成品牌效应；细化社会养老服务发展在规划、建设、用水、用电、税收、融资等方面的优惠扶持政策，结合本地实际情况制定操作性很强的相关配套政策；畅通社会力量兴办社会养老机构在审批、手续办理及相关手续费用减免的渠道。

湖南省城乡养老机构布局与布点已具规模，存在缺乏城乡及各区域间的考量、长期照护服务城乡分布不均衡等问题。建议以省会长沙市优质养老机构建设为标杆，辐射引领周边城市及农村养老机构，加大对重要领域、特殊区域倾斜，着力缩小区域之间和城乡之间之间的差距，不断提升老年人长期照护服务均等化水平以及老百姓的获得感，解放刚需人群家庭的劳动生产力。以当地城市养老机构带动农村养老机构的服务水平，尽可能实现资源共享，改变农村养老机构设施设备简陋现状，减少农村养老机构“重建设轻服务”现象，一定程度上减少资源浪费，提高已有养老服务资源的利用率，所建设的养老机构与当地老年人所需养老服务需求相匹配，避免浪费、空置及重复低水平建设，城乡统筹提升养老机构长期照护服务质量。

全面促进长期照护服务机构的医养结合建设，建议医养结合服务全覆盖，在已有的养老机构规模下调整结构，加强护理型床位的建设，合理规划和配置资源，整合当地医疗服务资源以及其他社会资源，加大医疗服务的供给。

2.3.6.2　提高长期照护服务人员队伍的素质

主要从以下几个方面着手：一是提升现有的从业人员素质，重点规范养老护理员的管理，按照岗位工作需求强化养老护理员长期照护的工作能力，在岗培训各级养老护理员的技能和知识并加强考核，理顺职称晋升通路，将业务水平及从业时间与收入待遇紧密联系，促进已有从业人员素质的提升；对于长期照护服务技术人员，首先应具有基本的职业道德，还应具备安全卫生和环境保护知识与技能，以及消防安全基础知识和技能，更应具备长期照护服务的专业技能，从职业标准上对养老护理员进行规范管理；二是加大力度引进高素质专业人才，尤其是专业的医疗、护理和康复技术人才到长期照护服务队伍中，主要加大长期照护护理专业人员的引进，切实提高服务水平；三是理顺福利机构人员编制，从政策上利于专业技术人才的引进，保障专业技术人才的福利待遇，学习上海、北京等地的做法，为从事老年人事业服务的专业技术人才提供政策保障，稳定服务人员队伍。

2.3.6.3 建设长期照护服务体系

湖南省老年人的长期照护服务现状总体有提升，与国内外高水平长期照护服务比较，差距仍然明显。建议建设长期照护服务体系，具体从以下几方面着手：一是政府层面在履行保底的职责上，基于湖南省人口学现状和经济水平基础上，理顺长期照护和医疗服务管理路径，政策上实施以点带面逐步实施长期护理保险制度，将长期照护服务从满足日常生活照料协调推进为医养结合服务，规范养老护理员的管理，加大养老机构的医疗保健服务，建设相关的评价标准，规范服务质量管理，常规进行评估，进一步改善长期照护服务现状；二是长期照护服务管理层，借鉴发达国家成功经验，提高养老服务从业人员待遇，制定政策吸引医护人员进入养老机构从事长期照护服务工作，建议养老机构根据老年人情况合理配备医生、康复治疗师、护士及养老护理员，形成专业长期照护服务队伍，真正在内涵建设上改善长期照护服务现状。以此探索建设适合我国实际情况的长期照护服务体系。

3 养老机构长期照护服务质量综合评价指标体系构建及实证研究

3.1 研究对象与方法

3.1.1 研究对象

3.1.1.1 养老服务专家

研究对象纳入与排除标准如下。①纳入标准：在养老领域具有丰富的经验，从事养老服务行业 10 年以上且从事养老服务管理工作 5 年以上的行业专家，在行业内具有一定知名度和行业影响力，对养老服务工作非常熟悉，且愿意参加研究者。选取养老行业的专家人数为 38 人，以建立长期照护服务质量评价指标体系。根据知情同意、自愿参加的原则，本研究按照以上条件拟计划邀请 36 位专家进行咨询。通过专家评估评价模型的操作性、重要性以及指标权重评分。②排除标准：不符合以上条件的人。

3.1.1.2 养老机构实证研究

采用多阶段整群随机抽样的方法，根据 2017 年政府官网显示，湖南省共辖 13 个地级市、1 个自治州（122 个县、市、区），湖南省土地面积 21.18 万千米^2，占中国国土面积的 2.2%，在各省市区面积中居第 10 位。按照不同地域，从湘东、湘南、湘西、湘北以及湘中各抽取一个城市和一个县，再分别从每个城市和县抽取 2 个城区和 2 个乡镇（1 个乡 1 个镇）的全部提供长期照护的养老服务机构进行调查并评价，共抽取了 41 家养老机构进行研究。由此涵盖了城市和农村不同性质的养老服务机构，抽样方法和前述养老机构描述性研究的抽样方法相同，以构建的养老机构长期照护服务质量综合评价指标体系进行实证研究。

3.1.2 研究内容和方法

3.1.2.1 长期照护服务质量综合评价指标体系的构建

本研究检索了近 10 年的国内外长期照护服务质量综合评价相关文献，充分了解国内外长期照护服务质量综合评价的维度、方法及指标体系。研究者前期有 12 年的相关研究基础，并深入养老行业调查，在文献理论研究和现状调查等基础上，咨询相关专家。综合评价指标体系的建立主要参照《养老机构服务质量基本规范》（GB/T 35796－2017）[131]的养老服务指标、澳大利亚养老服务评审 44 项标准[107]、香港安老院舍评审计划 RACAS 40：2014 年版 40 项标准[118]和黄方超[115]研究的综合评价指标体系而设立，初步制定了本研究的长期照护服务质量综合评价指标体系，从5个维度对服务质量进行综合评价，包括一级指标5个、二级指标27个和三级指标73个。一级指标包括：A_1 为管理结构规范性，A_2 为基础服务质量，A_3 为医疗服务，A_4 为心理社会支持，A_5 为老年人健康管理质量，并对各级指标赋值。详见表3-1。

表3-1 长期照护服务质量综合评价指标体系框架

一级指标	二级指标	三级指标
管理结构规范性（A_1）	环境设置与布局（$B_{1.1}$）	环境设置规范性（$C_{1.1.1}$） 适老化布局规范性（$C_{1.1.2}$）
	资质及制度建设（$B_{1.2}$）	许可证办理情况（$C_{1.2.1}$） 制度完善性（$C_{1.2.2}$）
	长期照护服务目标（$B_{1.3}$）	目标明确性（$C_{1.3.1}$）
	员工手册（$B_{1.4}$）	员工手册完善性（$C_{1.4.1}$）
	职责界定（$B_{1.5}$）	职责界定明确性（$C_{1.5.1}$） 员工执行率（$C_{1.5.2}$）
	设施设备管理与维护（$B_{1.6}$）	登记在册（$C_{1.6.1}$） 清洁维护及时性（$C_{1.6.2}$）
	财务管理（$B_{1.7}$）	制度执行规范性（$C_{1.7.1}$） 差错率（$C_{1.7.2}$）
	服务质量控制和持续改善机制（$B_{1.8}$）	质量控制小组（$C_{1.8.1}$） 员工执行率（$C_{1.8.2}$）
	服务技术操作常规（$B_{1.9}$）	科学规范性（$C_{1.9.1}$）
	长期照护服务流程（$B_{1.10}$）	流程规范性（$C_{1.10.1}$）
	风险的控制（$B_{1.11}$）	控制措施情况（$C_{1.11.1}$）
	人力资源管理（$B_{1.12}$）	技术服务人员职业资格情况（$C_{1.12.1}$） 服务人员与服务对象比（$C_{1.12.2}$） 继续教育情况（$C_{1.12.3}$） 人才梯队建设情况（$C_{1.12.4}$） 职称晋升及考核标准（$C_{1.12.5}$）
	经济方面（$B_{1.13}$）	合理性（$C_{1.13.1}$）
基础服务质量（A_2）	生活照料服务（$B_{2.1}$）	协助穿/更换衣及整理衣服（$C_{2.1.1}$） 洗脸、洗手/脚（$C_{2.1.2}$） 刷牙（$C_{2.1.3}$） 漱口（$C_{2.1.4}$） 梳头（$C_{2.1.5}$） 洗头（$C_{2.1.6}$） 理发（$C_{2.1.7}$） 修剪指甲（$C_{2.1.8}$） 剃须（$C_{2.1.9}$） 清洁口腔（$C_{2.1.10}$） 清理和装卸假牙（$C_{2.1.11}$） 护肤及面容修饰（$C_{2.1.12}$）

表 3-1（续）

一级指标	二级指标	三级指标
基础服务质量（A_2）	生活照料服务（$B_{2.1}$）	提供合理饮食（$C_{2.1.13}$）
		协助进食（$C_{2.1.14}$）
		协助饮水（$C_{2.1.15}$）
		管饲营养（$C_{2.1.16}$）
		提醒入厕（$C_{2.1.17}$）
		协助排尿（$C_{2.1.18}$）
		协助排便（$C_{2.1.19}$）
		人工排便（$C_{2.1.20}$）
		更换及清洗尿布（$C_{2.1.21}$）
		清洗会阴（$C_{2.1.22}$）
		擦浴（$C_{2.1.23}$）
		协助沐浴（$C_{2.1.24}$）
		翻身更换卧位（$C_{2.1.25}$）
		保持皮肤干爽清洁（$C_{2.1.26}$）
		环境清洁（$C_{2.1.27}$）
		居室清洁（$C_{2.1.28}$）
		床单位清洁（$C_{2.1.29}$）
		洗衣物（$C_{2.1.30}$）
	咨询服务（$B_{2.2}$）	服务计划及执行率（$C_{2.2.1}$）
	安全保护服务（$B_{2.3}$）	服务计划及执行率（$C_{2.3.1}$）
医疗服务（A_3）	医疗护理保健服务（$B_{3.1}$）	预防与保健（$C_{3.1.1}$）
		康复（$C_{3.1.2}$）
		基本治疗（$C_{3.1.3}$）
		管道护理（$C_{3.1.4}$）
		给药护理（$C_{3.1.5}$）
		换药（$C_{3.1.6}$）
		健康教育（$C_{3.1.7}$）
		感染控制（$C_{3.1.8}$）
	应急救助（$B_{3.2}$）	制度及执行率（$C_{3.2.1}$）
心理社会支持（A_4）	心理支持（$B_{4.1}$）	服务计划及执行率（$C_{4.1.1}$）
	社会支持（$B_{4.2}$）	服务计划及执行率（$C_{4.2.1}$）
	文化娱乐服务（$B_{4.3}$）	服务计划及执行率（$C_{4.3.1}$）
老年人健康管理质量（A_5）	老人意外发生水平（$B_{5.1}$）	老人意外发生率（$C_{5.1.1}$）
	老人压疮发生水平（$B_{5.2}$）	老人压疮发生率（$C_{5.2.1}$）
	老人疾病复发水平（$B_{5.3}$）	老人疾病复发率（$C_{5.3.1}$）
	老人满意度评价（$B_{5.4}$）	老人满意度（$C_{5.4.1}$）
	老人亲属满意度评价（$B_{5.5}$）	老人亲属满意度（$C_{5.5.1}$）
	健康管理档案情况（$B_{5.6}$）	档案建立完善情况（$C_{5.6.1}$）

3.1.2.2　综合评价指标的赋值

在文献理论研究和现状调查等基础上，咨询相关专家，初步制订了本研究的长期照护服务质量综合评价指标（三级指标）的释义和赋值如下。

①环境设置规范性（$C_{1.1.1}$）：指机构地理环境设置符合部门相关规定情况。

手续证照齐全、交通非常便利、环境非常优美，赋值 90～100 分；手续证照齐全、交通便利、环境优美，赋值 70～89 分；手续证照齐全、交通不方便或环境一般，赋值60～69分；手续证照不齐、交通不方便和环境差，赋值 60 分以下。

②适老化布局规范性（$C_{1.1.2}$）：指养老机构内部各区布局符合适老化要求情况。布局科学合理，安全有效，赋值 90～100 分；布局合理，安全，满足需求，赋值70～89分；布局一般，安全，基本满足需求，赋值 60～69 分；布局欠合理，有安全隐患，只能部分满足需求，赋值 60 分以下。

③许可证办理情况（$C_{1.2.1}$）：按照要求办理养老许可证，如有内设医疗机构，应取得医疗机构执业许可证。按照要求办理养老许可证和/或医疗机构执业许可证，配套文件齐全，赋值 90～100 分；有养老许可证和/或医疗机构执业许可证，无配套文件，赋值 70～89 分；申请养老许可证和/或医疗机构执业许可证材料齐全，证件尚在申报中，赋值 60～69 分；无许可证，赋值 60 分以下。

④制度完善性（$C_{1.2.2}$）：管理制度规范且完善。各项管理制度规范建设，全面科学合理，醒目美观，并全面执行，赋值 90～100 分；各项管理制度规范建设，科学合理，醒目，并能执行，赋值 70～89 分；各项管理制度基本完成，能执行，赋值60～69分；管理制度建设不完善、不规范、不合理，未执行，赋值 60 分以下。

⑤目标明确性（$C_{1.3.1}$）：照护服务目标明确具体。照护服务目标非常明确具体，赋值 90～100 分；照护服务目标明确具体，赋值 70～89 分；照护服务目标基本有、基本具体，赋值 60～69 分；照护服务目标不明确不具体，无法衡量，赋值 60 分以下。

⑥员工手册完善性（$C_{1.4.1}$）：机构员工需要遵守和明确的手册。员工手册科学完善，员工全部掌握，赋值 90～100 分；员工手册完善，员工熟悉，赋值 70～89 分；有员工手册，员工基本知晓，赋值 60～69 分；无员工手册或者不全面，员工不知晓或部分知晓，赋值 60 分以下。

⑦职责界定明确性（$C_{1.5.1}$）：各岗位职责有详细说明和定位。各岗位职责定位科学清楚，有详细说明，赋值 90～100 分；各岗位职责定位清楚，有详细说明，赋值 70～89 分；各岗位职责基本定位，有说明，赋值 60～69 分；各岗位职责定位不清楚，无说明，赋值 60 分以下。

⑧员工执行率（$C_{1.5.2}$）：员工履行职责执行率。员工认真高效履行职责，各方评价非常好，执行率 90%～100%，赋值 90～100 分；员工认真履行职责，各方评价好，执行率 70%～89%，赋值 70～89 分；员工基本履行职责，各方评价一般，执行率 60%～69%，赋值 60～69 分；员工不履行职责，评价差，执行率 60%以下，赋值 60 分以下。

⑨登记在册（$C_{1.6.1}$）：设施设备登记在册。设施设备全部登记在册，并有详细使用说明，资料非常全面，赋值 90～100 分；设施设备全部登记在册，并有使

用说明，资料全面，赋值 70～89 分；设施设备基本登记在册，资料一般，赋值 60～69 分；设施设备部分或没有登记在册，资料不全面或缺失，赋值 60 分以下。

⑩清洁维护及时性（$C_{1.6.2}$）：设施设备定期维护，及时维修。设施设备定期清洁维护，及时维修，服务对象非常满意，赋值 90～100 分；设施设备定期清洁维护，及时维修，服务对象满意，赋值 70～89 分；设施设备有清洁维护，能维修，基本满足需求，赋值 60～69 分；设施设备无清洁维护，维修不及时，服务对象不满意，赋值 60 分以下。

⑪制度执行规范性（$C_{1.7.1}$）：财务管理制度执行规范。财务管理制度全面，执行非常规范，赋值 90～100 分；财务管理制度全面，执行规范，赋值 70～89 分；有财务管理制度，执行基本规范，赋值 60～69 分；财务管理制度不全面或没有，执行不规范，赋值 60 分以下。

⑫差错率（$C_{1.7.2}$）：财务管理差错率。财务管理全年无差错，赋值 90～100 分；财务管理全年差错率小于 0.5%，赋值 70～89 分；财务管理全年差错率小于 1%，赋值 60～69 分；财务管理全年差错率大于 1%，赋值 60 分以下。

⑬质量控制小组（$C_{1.8.1}$）：服务质量控制小组情况。有服务质量控制小组，小组成员非常认真履行职责，质量控制的制度非常完善，赋值 90～100 分；有服务质量控制小组，小组成员履行职责，质量控制的制度完善，赋值 70～89 分；有服务质量控制小组，小组成员履行职责，有质量控制的制度，赋值 60～69 分；有或无服务质量控制小组，小组成员部分或未履行职责，无质量控制的制度，赋值 60 分以下。

⑭员工执行率（$C_{1.8.2}$）：员工质量控制制度执行率情况。员工执行质量控制制度非常好，安全有效，无任何差错事故发生，执行率 90%～100%，赋值 90～100 分；员工执行质量控制制度好、有效，及时避免发生差错，无事故，执行率 70%～89%，赋值 70～89 分；员工基本执行质量控制制度，发生差错但无事故，执行率60%～69%，赋值 60～69 分；员工执行质量控制差，发生差错及事故，执行率 60%以下，赋值 60 分以下。

⑮科学规范性（$C_{1.9.1}$）：服务技术操作规范程度。服务技术操作非常规范，安全有效，赋值 90～100 分；服务技术操作规范，安全有效，赋值 70～89 分；服务技术操作基本规范，赋值 60～69 分；服务技术操作不规范，赋值 60 分以下。

⑯流程规范性（$C_{1.10.1}$）：照护服务流程规范程度。照护服务流程非常规范，建立流程表并公开，科学合理，安全有效，赋值 90～100 分；照护服务流程规范，建立流程表并公开，科学合理，安全有效，赋值 70～89 分；照护服务流程基本规范，有简单流程表，安全，赋值 60～69 分；照护服务流程不规范，无流程表，欠科学合理性，赋值 60 分以下。

⑰控制措施情况（$C_{1.11.1}$）：风险控制制度制订和措施落实情况。风险控制制度非常完善、科学合理，措施落实非常好，赋值90～100分；风险控制制度完善、合理，措施落实好，赋值70～89分；有风险控制制度，措施基本落实，赋值60～69分；风险控制制度不完善、欠科学合理，措施落实不及时或没落实，赋值60分以下。

⑱技术服务人员职业资格情况（$C_{1.12.1}$）：技术服务人员的职业资格情况。技术服务人员90%～100%具有职业资格，结构合理，赋值90～100分；技术服务人员70%～89%具有职业资格，结构合理，赋值70～89分；技术服务人员60%～69%具有职业资格，结构合理，赋值60～69分；技术服务人员50%以下具有职业资格，结构欠缺合理，赋值60分以下。

⑲服务人员与服务对象比（$C_{1.12.2}$）：服务人员与服务对象的比例。服务人员与服务对象的比例为5∶1，赋值90～100分；服务人员与服务对象的比例为3∶1，赋值70～89分；服务人员与服务对象的比例为1∶1，赋值60～69分；服务人员与服务对象的比例为1∶1以下，赋值60分以下。

⑳继续教育情况（$C_{1.12.3}$）：员工的继续教育情况。员工的继续教育制度非常完善，平均每年每人完成继续教育1周56小时以上，赋值90～100分；员工的继续教育制度完善，平均每年每人完成继续教育3～6天24～48小时，赋值70～89分；有员工的继续教育制度，平均每年每人完成继续教育1～2天8～16小时，赋值60～69分；员工的继续教育制度不完善或没有，平均每年每人完成继续教育1天8小时以下，或没有参加继续教育，赋值60分以下。

㉑人才梯队建设情况（$C_{1.12.4}$）：技术人才梯队建设情况。有非常完善的技术人才梯队建设制度，人才梯队结构非常科学，赋值90～100分；有完善的技术人才梯队建设制度，人才梯队结构合理，赋值70～89分；有技术人才梯队建设制度，人才梯队结构基本合理，赋值60～69分；技术人才梯队建设制度不完善或没有，人才梯队结构不合理，赋值60分以下。

㉒职称晋升及考核标准（$C_{1.12.5}$）：职称晋升和考核按照国家制度执行。职称晋升和考核严格按照国家制度执行，赋值90～100分；职称晋升和考核按照国家制度执行，赋值70～89分；职称晋升和考核基本按照国家制度执行，赋值60～69分；职称晋升和考核没有按照国家制度执行，赋值60分以下。

㉓合理性（$C_{1.13.1}$）：提供养老服务的收费合理。提供养老服务的收费符合要求，非常合理，符合区域经济水平，赋值90～100分；提供养老服务的收费符合要求，合理，符合区域经济水平，赋值70～89分；提供养老服务的收费基本符合要求，基本合理，赋值60～69分；提供养老服务的收费不符合要求，高于区域经济水平，赋值60分以下。

㉔协助穿/更换衣及整理衣服（$C_{2.1.1}$）：协助老人穿/更换衣及整理衣服。100%协助老人穿/更换衣及整理衣服，及时满足老人的需求，赋值90～100分；

100％协助老人穿/更换衣及整理衣服，满足老人的需求，赋值 70～89 分；100％协助老人穿/更换衣及整理衣服，基本满足老人的需求，赋值 60～69 分；不能协助老人穿/更换衣及整理衣服，不能满足老人的需求，赋值 60 分以下。

㉕洗脸、洗手/脚（$C_{2.1.2}$）：协助老人洗脸、洗手/脚。100％协助老人洗脸、洗手/脚，及时满足老人的需求，赋值 90～100 分；100％协助老人洗脸、洗手/脚，满足老人的需求，赋值 70～89 分；100％协助老人洗脸、洗手/脚，基本满足老人的需求，赋值 60～69 分；不能协助老人洗脸、洗手/脚，不能满足老人的需求，赋值 60 分以下。

㉖刷牙（$C_{2.1.3}$）：协助老人刷牙。100％协助老人刷牙，及时满足老人的需求，赋值 90～100 分；100％协助老人刷牙，满足老人的需求，赋值 70～89 分；100％协助老人刷牙，基本满足老人的需求，赋值 60～69 分；不能协助老人刷牙，不能满足老人的需求，赋值 60 分以下。

㉗漱口（$C_{2.1.4}$）：协助老人漱口。100％协助老人漱口，及时满足老人的需求，赋值 90～100 分；100％协助老人漱口，满足老人的需求，赋值 70～89 分；100％协助老人漱口，基本满足老人的需求，赋值 60～69 分；不能协助老人漱口，不能满足老人的需求，赋值 60 分以下。

㉘梳头（$C_{2.1.5}$）：协助老人梳头。100％协助老人梳头，及时满足老人的需求，赋值 90～100 分；100％协助老人梳头，满足老人的需求，赋值 70～89 分；100％协助老人梳头，基本满足老人的需求，赋值 60～69 分；不能协助老人梳头，不能满足老人的需求，赋值 60 分以下。

㉙洗头（$C_{2.1.6}$）：协助老人洗头。100％协助老人洗头，及时满足老人的需求，赋值 90～100 分；100％协助老人洗头，满足老人的需求，赋值 70～89 分；100％协助老人洗头，基本满足老人的需求，赋值 60～69 分；不能协助老人洗头，不能满足老人的需求，赋值 60 分以下。

㉚理发（$C_{2.1.7}$）：帮老人理发。100％帮老人理发，及时满足老人的需求，赋值 90～100 分；100％帮老人理发，满足老人的需求，赋值 70～89 分；100％帮老人理发，基本满足老人的需求，赋值 60～69 分；不能帮老人理发，不能满足老人的需求，赋值 60 分以下。

㉛修剪指甲（$C_{2.1.8}$）：协助老人修剪指甲。100％协助老人修剪指甲，及时满足老人的需求，赋值 90～100 分；100％协助老人修剪指甲，满足老人的需求，赋值70～89分；100％协助老人修剪指甲，基本满足老人的需求，赋值 60～69 分；不能及时协助老人修剪指甲，不能满足老人的需求，赋值 60 分以下。

㉜剃须（$C_{2.1.9}$）：协助老人剃须。100％协助老人剃须，及时满足老人的需求，赋值 90～100 分；100％协助老人剃须，满足老人的需求，赋值 70～89 分；100％协助老人剃须，基本满足老人的需求，赋值 60～69 分；不能帮助老人剃须，不能满足老人的需求，赋值 60 分以下。

㉝清洁口腔（$C_{2.1.10}$）：协助老人清洁口腔。100%协助老人清洁口腔，及时满足老人的需求，赋值90～100分；100%协助老人清洁口腔，满足老人的需求，赋值70～89分；100%协助老人清洁口腔，基本满足老人的需求，赋值60～69分；不能协助老人清洁口腔，不能满足老人的需求，赋值60分以下。

㉞清理和装卸假牙（$C_{2.1.11}$）：协助老人清理和装卸假牙。100%协助老人清理和装卸假牙，及时满足老人的需求，赋值90～100分；100%协助老人清理和装卸假牙，满足老人的需求，赋值70～89分；100%协助老人清理和装卸假牙，基本满足老人的需求，赋值60～69分；不能协助老人清理和装卸假牙，不能满足老人的需求，赋值60分以下。

㉟护肤及面容修饰（$C_{2.1.12}$）：协助老人进行护肤及面容修饰。100%协助老人进行护肤及面容修饰，及时满足老人的需求，赋值90～100分；100%协助老人进行护肤及面容修饰，满足老人的需求，赋值70～89分；100%协助老人进行护肤及面容修饰，基本满足老人的需求，赋值60～69分；不能协助老人进行护肤及面容修饰，不能满足老人的需求，赋值60分以下。

㊱提供合理饮食（$C_{2.1.13}$）：为老人提供合理饮食。100%为老人提供合理饮食，及时满足老人的需求，赋值90～100分；100%为老人提供合理饮食，满足老人的需求，赋值70～89分；100%为老人提供合理饮食，基本满足老人的需求，赋值60～69分；不能为老人提供合理饮食，不能满足老人的需求，赋值60分以下。

㊲协助进食（$C_{2.1.14}$）：协助老人进食。100%协助老人进食，及时满足老人的需求，赋值90～100分；100%协助老人进食，满足老人的需求，赋值70～89分；100%协助老人进食，基本满足老人的需求，赋值60～69分；不能协助老人进食，不能满足老人的需求，赋值60分以下。

㊳协助饮水（$C_{2.1.15}$）：协助老人饮水。100%协助老人饮水，及时满足老人的需求，赋值90～100分；100%协助老人饮水，满足老人的需求，赋值70～89分；100%协助老人饮水，基本满足老人的需求，赋值60～69分；不能协助老人饮水，不能满足老人的需求，赋值60分以下。

㊴管饲营养（$C_{2.1.16}$）：协助老人管饲营养。100%协助老人管饲营养，及时满足老人的需求，赋值90～100分；100%协助老人管饲营养，满足老人的需求，赋值70～89分；100%协助老人管饲营养，基本满足老人的需求，赋值60～69分；不能协助老人管饲营养，不能满足老人的需求，赋值60分以下。

㊵提醒入厕（$C_{2.1.17}$）：提醒老人入厕。100%提醒老人入厕，及时满足老人的需求，赋值90～100分；100%提醒老人入厕，满足老人的需求，赋值70～89分；100%提醒老人入厕，基本满足老人的需求，赋值60～69分；不能及时提醒老人入厕，不能满足老人的需求，赋值60分以下。

㊶协助排尿（$C_{2.1.18}$）：协助老人排尿。100%协助老人排尿，及时满足老人

的需求，赋值90～100分；100%协助老人排尿，满足老人的需求，赋值70～89分；100%协助老人排尿，基本满足老人的需求，赋值60～69分；不能协助老人排尿，不能满足老人的需求，赋值60分以下。

㊷协助排便（$C_{2.1.19}$）：协助老人排便。100%协助老人排便，及时满足老人的需求，赋值90～100分；100%协助老人排便，满足老人的需求，赋值70～89分；100%协助老人排便，基本满足老人的需求，赋值60～69分；不能协助老人排便，不能满足老人的需求，赋值60分以下。

㊸人工排便（$C_{2.1.20}$）：协助需要人工排便的老人进行人工排便。100%协助需要人工排便的老人进行人工排便，及时满足老人的需求，赋值90～100分；100%协助需要人工排便的老人进行人工排便，满足老人的需求，赋值70～89分；100%协助需要人工排便的老人进行人工排便，基本满足老人的需求，赋值60～69分；不能协助需要人工排便的老人进行人工排便，不能满足老人的需求，赋值60分以下。

㊹更换及清洗尿布（$C_{2.1.21}$）：协助老人更换及清洗尿布。100%协助老人更换及清洗尿布，及时满足老人的需求，赋值90～100分；100%协助老人更换及清洗尿布，满足老人的需求，赋值70～89分；100%协助老人更换及清洗尿布，基本满足老人的需求，赋值60～69分；不能协助老人更换及清洗尿布，不能满足老人的需求，赋值60分以下。

㊺清洗会阴（$C_{2.1.22}$）：协助老人清洗会阴。100%协助老人清洗会阴，及时满足老人的需求，赋值90～100分；100%协助老人清洗会阴，满足老人的需求，赋值70～89分；100%协助老人清洗会阴，基本满足老人的需求，赋值60～69分；不能协助老人清洗会阴，不能满足老人的需求，赋值60分以下。

㊻擦浴（$C_{2.1.23}$）：协助老人擦浴。100%协助老人擦浴，及时满足老人的需求，赋值90～100分；100%协助老人擦浴，满足老人的需求，赋值70～89分；100%协助老人擦浴，基本满足老人的需求，赋值60～69分；不能协助老人擦浴，不能满足老人的需求，赋值60分以下。

㊼协助沐浴（$C_{2.1.24}$）：协助老人沐浴。100%协助老人沐浴，及时满足老人的需求，赋值90～100分；100%协助老人沐浴，满足老人的需求，赋值70～89分；100%协助老人沐浴，基本满足老人的需求，赋值60～69分；不能协助老人沐浴，不能满足老人的需求，赋值60分以下。

㊽翻身更换卧位（$C_{2.1.25}$）：协助老人翻身更换卧位。100%协助老人翻身更换卧位，及时满足老人的需求，赋值90～100分；100%协助老人翻身更换卧位，满足老人的需求，赋值70～89分；100%协助老人翻身更换卧位，基本满足老人的需求，赋值60～69分；不能协助翻身更换卧位，不能满足老人的需求，赋值60分以下。

㊾保持皮肤干爽清洁（$C_{2.1.26}$）：协助老人保持皮肤干爽清洁。100%协助老

人保持皮肤干爽清洁，及时满足老人的需求，赋值 90～100 分；100%协助老人保持皮肤干爽清洁，满足老人的需求，赋值 70～89 分；100%协助老人保持皮肤干爽清洁，基本满足老人的需求，赋值 60～69 分；不能协助老人保持皮肤干爽清洁，不能满足老人的需求，赋值 60 分以下。

㊿环境清洁（$C_{2.1.27}$）：保持老人周围环境清洁。保持老人周围环境 100%清洁，及时满足老人的需求，赋值 90～100 分；保持老人周围环境 100%清洁，满足老人的需求，赋值 70～89 分；保持老人周围环境 100%清洁，基本满足老人的需求，赋值 60～69 分；不能保持老人周围环境清洁，不能满足老人的需求，赋值 60 分以下。

51居室清洁（$C_{2.1.28}$）：保持老人所在居室清洁。保持老人所在居室 100%清洁，及时满足老人的需求，赋值 90～100 分；保持老人所在居室 100%清洁，满足老人的需求，赋值 70～89 分；保持老人所在居室 100%清洁，基本满足老人的需求，赋值 60～69 分；不能保证老人所在居室清洁，不能满足老人的需求，赋值 60 分以下。

52床单位清洁（$C_{2.1.29}$）：协助老人保持床单位清洁。100%协助老人保持床单位清洁，及时满足老人的需求，赋值 90～100 分；100%协助老人保持床单位清洁，满足老人的需求，赋值 70～89 分；100%协助老人保持床单位清洁，基本满足老人的需求，赋值 60～69 分；不能协助老人保持床单位清洁，不能满足老人的需求，赋值 60 分以下。

53洗衣物（$C_{2.1.30}$）：协助老人洗衣物。90%～100%协助老人洗衣物，及时满足老人的需求，赋值 90～100 分；70%～89%协助老人洗衣物，满足老人的需求，赋值 70～89 分；60%～69%协助老人洗衣物，基本满足老人的需求，赋值 60～69 分；60%以下协助老人洗衣物，不能满足老人的需求，赋值 60 分以下。

54服务计划及执行率（$C_{2.2.1}$）：有计划地为老人提供咨询服务。有计划地为老人提供咨询服务，及时满足老人的需求，执行率 90%～100%，赋值 90～100 分；有计划地为老人提供咨询服务，满足老人的需求，执行率 70%～89%，赋值 70～89 分；为老人提供咨询服务，基本满足老人的需求，执行率 60%～69%，赋值 60～69 分；不能或无计划为老人提供咨询服务，不能满足老人的需求，执行率 60%以下，赋值 60 分以下。

55服务计划及执行率（$C_{2.3.1}$）：养老机构的安全保护服务制度和措施情况。养老机构的安全保护服务制度全面，措施得当，100%落实，赋值 90～100 分；养老机构的安全保护服务制度全面，措施得当，90%落实，赋值 70～89 分；养老机构有安全保护服务制度，措施基本得当，80%落实，赋值 60～69 分；养老机构的安全保护服务制度不全面，措施不得当，80%以下落实，赋值 60 分以下。

56预防与保健（$C_{3.1.1}$）：为老人提供疾病预防和保健工作。为老人提供疾病预防和保健工作，及时满足老人的需求，赋值 90～100 分；为老人提供疾病预防和保健工作，满足老人的需求，赋值 70～89 分；为老人提供疾病预防和保健工作，基本满足老人的需求，赋值 60～69 分；不能为老人提供疾病预防和保健工作，不能满足老人的需求，赋值 60 分以下。

㊲康复（$C_{3.1.2}$）：协助老人康复。90%～100%协助老人康复，及时满足老人的需求，赋值 90～100 分；70%～89%协助老人康复，满足老人的需求，赋值 70～89 分；60%～69%协助老人康复，基本满足老人的需求，赋值 60～69 分；60%以下协助老人康复，不能满足老人的需求，赋值 60 分以下。

㊳基本治疗（$C_{3.1.3}$）：为老人提供基本治疗。90%～100%为老人提供基本治疗，及时满足老人的需求，赋值 90～100 分；70%～89%为老人提供基本治疗，满足老人的需求，赋值 70～89 分；60%～69%为老人提供基本治疗，基本满足老人的需求，赋值 60～69 分；60%以下为老人提供基本治疗，不能及时满足老人的需求，赋值 60 分以下。

㊴管道护理（$C_{3.1.4}$）：为老人提供管道护理。为老人提供管道护理，及时满足老人的需求，赋值 90～100 分；为老人提供管道护理，满足老人的需求，赋值 70～89 分；为老人提供管道护理，基本满足老人的需求，赋值 60～69 分；不能为老人提供管道护理，不能及时满足老人的需求，赋值 60 分以下。

㊵给药护理（$C_{3.1.5}$）：为老人提供给药护理。为老人提供给药护理，及时满足老人的需求，赋值 90～100 分；为老人提供给药护理，满足老人的需求，赋值 70～89 分；为老人提供给药护理，基本满足老人的需求，赋值 60～69 分；不能为老人提供给药护理，不能及时满足老人的需求，赋值 60 分以下。

㊶换药（$C_{3.1.6}$）：为老人换药。为老人换药，及时满足老人的需求，赋值 90～100 分；为老人换药，满足老人的需求，赋值 70～89 分；为老人换药，基本满足老人的需求，赋值 60～69 分；不能为老人换药，不能及时满足老人的需求，赋值 60 分以下。

㊷健康教育（$C_{3.1.7}$）：为老年人进行健康相关知识教育。为老人进行健康相关知识教育，及时满足老人的需求，赋值 90～100 分；为老人进行健康相关知识教育，满足老人的需求，赋值 70～89 分；为老人进行健康相关知识教育，基本满足老人的需求，赋值 60～69 分；不能为老人进行健康相关知识教育，不能及时满足老人的需求，赋值 60 分以下。

㊸感染控制（$C_{3.1.8}$）：早期发现感染，及时采取措施控制感染。有非常完善的控制感染制度，早期发现感染，及时采取措施控制感染，安全有效，赋值 90～100分；有完善的控制感染制度，早期发现感染，采取措施控制感染，安全有效，赋值70～89分；有控制感染制度，能发现感染，基本可采取措施控制感染，安全有效，赋值 60～69 分；没有完善的控制感染制度，不能早期发现感染，不能采取措施控制感染，赋值 60 分以下。

㊹制度及执行率（$C_{3.2.1}$）：及时发现意外，及时采取急救措施实施救助。有

非常完善的应急救助制度，及时发现意外，能够100%及时采取措施实施救助，赋值90～100分；有完善的应急救助制度，及时发现意外，90%以上能够采取措施实施救助，赋值70～89分；有应急救助制度，能发现意外，80%以上可采取措施实施救助，赋值60～69分；没有完善的应急救助制度，不能及时发现意外，及时采取措施实施救助率在80%以下，赋值60分以下。

㊸服务计划及执行率（$C_{4.1.1}$）：为老人进行心理支持服务。为老人进行心理支持服务，计划科学合理，及时满足老人的需求，执行率为90%～100%，赋值90～100分；为老人进行心理支持服务，计划合理，满足老人的需求，执行率为70%～89%，赋值70～89分；为老人进行心理支持服务，计划基本合理，基本满足老人的需求，执行率为60%～69%，赋值60～69分；为老人进行心理支持服务，无计划或不合理，满足老人的需求，执行率在60%以下，赋值60分以下。

㊹服务计划及执行率（$C_{4.2.1}$）：为老人进行社会支持服务。为老人进行社会支持服务，计划科学合理，及时满足老人的需求，执行率为90%～100%，赋值90～100分；为老人进行社会支持服务，计划合理，满足老人的需求，执行率为70%～89%，赋值70～89分；为老人进行社会支持服务，计划基本合理，基本满足老人的需求，执行率为70%～89%，赋值60～69分；为老人进行社会支持服务，无计划或不合理，满足老人的需求，执行率为60%以下，赋值60分以下。

㊺服务计划及执行率（$C_{4.3.1}$）：有计划地为老人提供文化娱乐服务。有计划地为老人提供文化娱乐服务，丰富了老人的生活，及时满足老人的需求，执行率为90%～100%，赋值90～100分；有计划地为老人提供文化娱乐服务，丰富了老人的生活，满足老人的需求，执行率为70%～89%，赋值70～89分；为老人提供文化娱乐服务，基本满足老人的需求，执行率为60%～69%，赋值60～69分；不能或无计划为老人提供文化娱乐服务，不能满足老人的需求，执行率为60%以下，赋值60分以下。

㊻老人意外发生率（$C_{5.1.1}$）：老人在养老机构发生意外的情况。老人意外发生率为0%，赋值90～100分；老人意外发生率小于1%，赋值70～89分；老人意外发生率为小于2%，赋值60～69分；老人意外发生率2%以上，赋值60分以下。

㊼老人压疮发生率（$C_{5.2.1}$）：老人压疮发生率情况。老人压疮发生率为0%，赋值90～100分；老人压疮发生率小于1%，赋值70～89分；老人压疮发生率小于2%，赋值60～69分；老人压疮发生率2%以上，赋值60分以下。

㊽老人疾病复发率（$C_{5.3.1}$）：老人原有疾病复发率情况。老人原有疾病复发率为0%，赋值90～100分；老人原有疾病复发率小于5%，赋值70～89分；老人原有疾病复发率小于10%，赋值60～69分；老人原有疾病复发率10%以上，赋值60分以下。

㊾老人满意度（$C_{5.4.1}$）：老人对养老服务的满意度评价结果。老人对养老服

务的满意度评价结果 90%以上满意，赋值 90～100 分；老人对养老服务的满意度评价结果 70%～89%满意，赋值 70～89 分；老人对养老服务的满意度评价结果 60%～69%满意，赋值 60～69 分；老人对养老服务的满意度评价结果 60%以下满意，赋值 60 分以下。

㉗老人亲属满意度（$C_{5.5.1}$）：老人亲属对养老服务的满意度评价结果。老人亲属对养老服务的满意度评价结果 90%以上满意，赋值 90～100 分；老人亲属对养老服务的满意度评价结果 70%～89%满意，赋值 70～89 分；老人亲属对养老服务的满意度评价结果 60%～69%满意，赋值 60～69 分；老人亲属对养老服务的满意度评价结果 60%以下满意，赋值 60 分以下。

㉘档案建立完善情况（$C_{5.6.1}$）：为老人建立健康档案并进行健康管理。为老人建立健康档案并进行健康管理，及时满足老人的需求，赋值 90～100 分；为老人建立健康档案并进行健康管理，满足老人的需求，赋值 70～89 分；为老人建立健康档案并进行健康管理，基本满足老人的需求，赋值 60～69 分；不能为老人建立健康档案并进行健康管理，不能及时满足老人的需求，赋值 60 分以下。

3.1.2.3 研究方法

（1）评价指标体系的构建采取专家咨询法（Delphi 法）

建立养老机构服务质量评价指标体系（涵盖三级指标）。德尔菲法是由调查者拟定调查表，按照一定的程序向专家成员征询意见，经过 2 轮咨询和反馈，当专家成员的意见趋于一致时，最后得出的判断结果。选取国内养老方面的专家人数为 38 人。本研究按照专家个人信息、专家对各评价判断依据及其影响程度、专家熟悉程度自我评价、评价指标体系四部分来进行 2～4 轮咨询，最后形成研究成果。

（2）实证研究法

将建立的服务质量评价指标体系应用于湖南省养老机构服务质量评价中，验证指标体系的信效度，以确保准确性。采用多阶段整群随机抽样的方法，抽取了 41 家养老机构进行实证研究。

3.1.3 技术路线

技术路线见图 3－1。

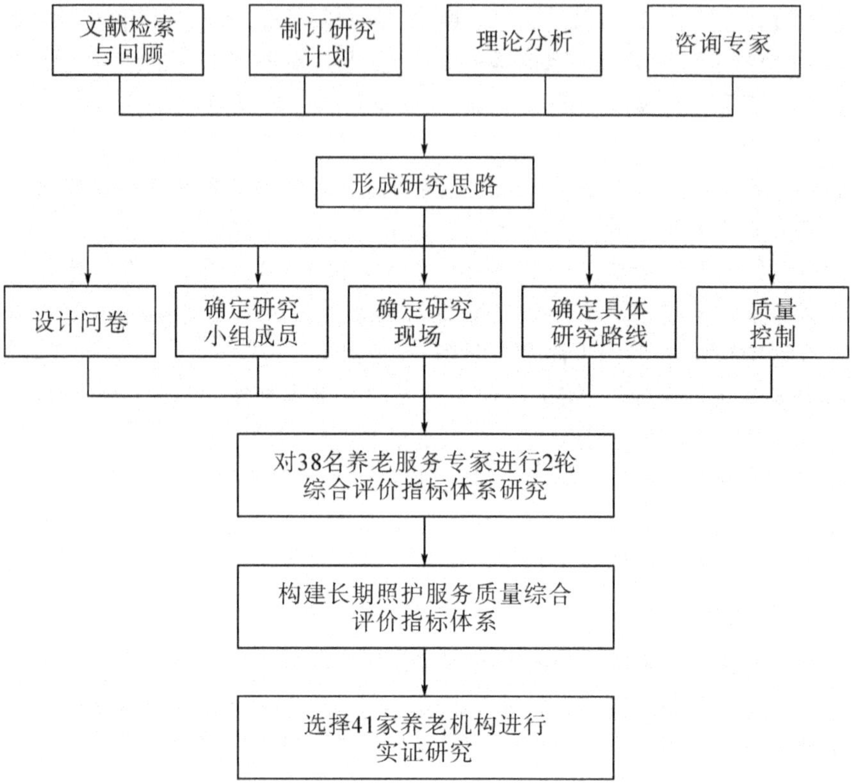

图 3-1　长期照护服务质量综合评价指标体系构建和实证研究技术路线图

3.1.4　质量控制

3.1.4.1　评价指标体系研究的质量控制

广泛查阅国内外相关研究，咨询国内相关专家，确保研究的科学性和可行性。问卷调查部分，设计问卷前后向国内已有相关研究经验的养老服务专家进行咨询，并参照国内外已有的研究设计问卷，确定问卷的科学合理设计。取得研究对象同意后发放问卷，使用统一的指导语，充分解释，使研究对象能够积极配合，承诺资料保密。留下充裕的时间让研究对象填写，保证其填写问卷的真实性和可靠性。回收问卷时仔细查看，如有漏项，提醒研究对象及时补齐；全部调查结束后进行一次复核，保证问卷的填写质量。

3.1.4.2　实证研究的质量控制

正式调查前进行专门培训及预调查。调查者共 6 名，其中 2 名调查者具有 10 年以上临床护理工作经验及 8 年以上护理教育工作经验，另外 4 名调查者为护理专业大学二年级学生，具有良好的调查技巧和严谨的工作态度，均对综合评价指标体系比较熟悉，保证调查质量以及合理安排工作任务。为便于测定时的统一管理与要求进行调查前培训。培训内容：说明调查的目的和意义，讲解课题的研究思路、技术路线和资料收集方法，说明调查的注意事项，统一各项条目的意义明确，达到调研时95%以上一致性。

3.1.4.3 数据处理的质量控制

整理复核问卷，并建立数据录入复查制度，由复查人逐项复查，保证数据录入准确无误。

3.1.5 伦理学问题

在本次研究开始前，由经过培训合格的调查者向每一位研究对象进行本次研究目的和内容的详细介绍，研究过程中各项检测以及问卷研究获得研究对象的知情同意，并签署知情同意书后才进行。遵循保密和自愿原则，对涉及隐私和个人安全的问题进行保密，研究对象可以随时退出本研究。研究对象有每次检测项目结果的知情权，研究人员主动向研究对象报告检测结果。本研究项目已经通过伦理委员会的伦理审批（NO. XYGW2017－53）。

3.1.6 资料整理与分析

基于Epidata 3.1数据管理软件，采用双人录入数据，并建立数据库。应用SPSS 19.0统计软件和Excel进行相关数据统计分析。在进行假设检验时，α值取0.05作为检验水准，P值均为双侧概率。主要采用描述性统计分析、t检验、χ^2检验、加权TOPSIS法[182]、加权秩和比法等统计分析方法（本次研究中P值均表示双侧概率，显著性水平$\alpha=0.05$）。

3.1.6.1 描述性统计方法

本研究主要涉及数据变量资料及分类变量资料，统计描述方法如下。①数值变量指标的描述：数值变量指标以均数±标准差表示；非正态的数值变量资料采用中位数与四分位数间距表达。②分类变量指标用频数、率、构成比等表示。

3.1.6.2 统计推断方法

服从正态分布的变量数据两组比较时用t检验；多组间的比较采用方差分析法，先行F检验，再采用*LDS*法行两两比较，所有正态分布资料在t和F检验前，均进行方差齐性检验，对方差不齐的部分资料，进行平方根反正弦转换，资料正态且方差齐后现行假设检验；对变量变换还是不服从正态分布的变量数据用*Wilcoxon*秩和检验。两变量间的相关与回归分析采用了线性相关与回归分析，不服从正态的资料采用等级相关分析。

3.1.6.3 综合评价

加权TOPSIS法（technique for order preference by similarity to ideal solution）是在比较的对象内寻找一个最佳与最差理想方案，再用各个要比较的对象与最佳及最差理想方案进行对比分析，计算出其接近程度系数，以接近程度系数的大小来判断参与评价的对象的优劣顺序。此方法的最大优点是对资料的要求不严格，没有要求资料的分布形式必须符合相关统计分布的规律性，在该方法的运用上较为方便，适用的范围较为广泛。其数据处理过程为对原始数据要做同趋化和归一化处理，再找出“有限方案中的最优方案和最劣方案，分别计算评价对象与最优方案和最劣方案间的距离，获得评价对象与最优方案的相对接近程度”[182]。

加权 TOPSIS 法操作的具体流程如下。①列出原始数据矩阵：要求对所有评估对象、所有指标均列出。②决定各个评价指标的性质，如高优指标及低优指标，必要时还需要判断不分高低优指标。③对所有指标做同趋化处理：本研究全部指标按高优同趋化，用百分制赋值处理，低优指标同样按百分制赋值折算成得分，转换成高优指标（因为本研究服务质量数据均按百分制赋值，故直接从此步骤开始）。④归一化处理：本次归一化处理公式见“公式（3-1)”；式中，X_{ij} 为同趋势化指标，Z_{ij} 为归一化指标。⑤在归一化后的数据矩阵中寻找出最佳方案 Z^{+} 和最差方案 Z^{-}：具体公式见“公式（3-2）和公式（3-3)”；式中，Z_{ij}^{+} 为某个评价指标的最大值，Z_{ij}^{-} 为某个评价指标的最小值。⑥计算各个评价对象与最佳方案的距离 D_i^{+}，见“公式（3-4)”，再计算各个对象与最差方案 D_i^{-}，见“公式（3-5)”；式中，ω_j 为各个具体指标的最后权重，即组合权重。⑦计算各个待评价的对象与最佳方案的接近程度 C_i；见“公式（3-6)”，式中 C_i 取值范围为 0～1，C_i 值越大说明评价对象越优，可以根据 C_i 值的大小，对所有的评价对象进行排序，排序时，按由大到小的顺序排列，即可以得到各参评对象的优劣顺序。

$$Z_{ij}=\frac{X_{ij}}{\sqrt{\sum_{i=1}^{n}X_{ij}^{2}}}\qquad i=1,2,\cdots,n;\ j=1,2,\cdots,m \tag{3-1}$$

$$Z^{+}=(Z_{i1}^{+},Z_{i2}^{+},\cdots,Z_{ii}^{+}) \tag{3-2}$$

$$Z^{-}=(Z_{i1}^{-},Z_{i2}^{-},\cdots,Z_{ii}^{-}) \tag{3-3}$$

$$D_i^{+}=\sqrt{\sum_{j=1}^{m}\left[\omega_j(Z_{ij}-Z_{ij}^{+})\right]^2} \tag{3-4}$$

$$D_i^{-}=\sqrt{\sum_{j=1}^{m}\left[\omega_j(Z_{ij}-Z_{ij}^{-})\right]^2} \tag{3-5}$$

$$C_i=\frac{D_i^{-}}{D_i^{-}+D_i^{+}} \tag{3-6}$$

3.2 结果

3.2.1 长期照护服务质量综合评价指标体系构建的研究结果

3.2.1.1 专家咨询问卷回收情况

本次研究第一轮专家调查发出问卷 38 份，回收问卷时先由研究者逐份检查填答之完整性，当面及时完善每份问卷，共回收有效问卷 36 份；第二轮专家调查发出问卷 38 份，回收有效问卷 35 份。

3.2.1.2 专家一般资料特征

在专家的选择上，按照 Delphi 法对于专家的要求，既要考虑专家的基本条件（学历、职称、职务、工作经历），另外，由于目前的用人机制，既要考虑在从事养老方面相关专家整体情况，又要兼顾本研究的具体情况。根据本课题研究目的和专业技术要求，采用经验选择的方式，聘请 38 位专家，要求选择专业知识丰富，具备评判性思维能力，专业判断能力较强，从事老年人长期照护服务管理工作 5 年以上，具备中级职称以上，能够从不同的判断视角，提供比较全面的意见的相关专家担任。因此，选择位于湖南省的社会福利院、养老院及护理院从事老年人长期照护服务相关专家 38 位进行咨询，首轮收回 36 位专家的有效问卷，第二轮收回 35 位专家的有效问卷。

第一轮 36 位专家分别来自湖南省公办社会福利院 3 家，全国连锁知名大型民营养老机构 2 家（湖南省 9 家连锁机构），符合研究的抽样设计。36 位专家一般资料：平均年龄为 36.67±7.08 岁，最小年龄 29 岁，最大年龄 54 岁；性别组成：女 34 人（94.44%），男 2 人（5.56%）；其他个人特征如下（见表 3-2）。

表 3-2 36 位专家的一般资料特征

项目	组别	人数	构成比/%
年龄/岁	21—30	7	19.44
	31—40	18	50.00
	41—50	9	25.00
	>50	2	5.56
学历	大专	26	72.22
	本科以上	10	27.78
工作时间/年	10～15	10	27.78
	16～20	16	44.44
	>20	10	27.78
从事管理时间/年	5～10	31	86.11
	11～20	5	13.89
	>20	0	0.00
职称	中级	25	69.44
	副高级	10	27.78
	高级	1	2.78
职务	科护士长	26	72.22
	科长（老年科）	2	5.56
	护理部主任	2	5.56
	院长	6	16.68
研究领域	养老服务	2	5.56
	老年医学	3	8.33
	老年护理	8	22.22
	长期照护	23	63.89
合计		36	100

第二轮参加专家咨询的人数为 35 人，女性 33 人（94.29%），男性 2 人（5.71%），详见表 3-3。

表3-3 35位专家的一般资料特征

项目	组别	人数	构成比/%
年龄/岁	21—30	6	17.14
	31—40	18	51.43
	41—50	9	25.72
	>50	2	5.71
学历	大专	25	71.43
	本科	10	28.57
	硕士	0	0.00
工作时间/年	10～15	9	25.72
	16～20	16	45.71
	>20	10	28.57
从事管理时间/年	5～10	30	85.71
	11～20	5	14.29
	>20	0	0.00
职称	中级	24	68.57
	副高级	10	28.57
	高级	1	2.86
职务	科护士长	25	71.43
	科长（老年科）	2	5.71
	护理部主任	2	5.71
	院长	6	17.15
研究领域	养老服务	1	2.86
	老年医学	3	8.57
	老年护理	8	22.86
	长期照护	23	65.71
合计		35	100

3.2.1.3 专家积极性系数

积极性系数，是指研究对象对本项研究关心、合作的程度。这是进行问卷调查的关键性的一个问题。以回收应答率（response rate，RR）表示（见表3-4）。

表3-4 两轮专家咨询应答情况

项目	专家人数	应答人数	应答率/%
第一轮专家	38	36	94.74
第二轮专家	38	35	92.11

本研究进行了两轮专家咨询，专家积极性系数RR分别是94.74%和92.11%。一般认为，50%的应答率是可以用来统计分析的起码比例，60%的应答率是好的，应答率在70%以上就是一次很好调查的标准。本研究的应答率达到94.74%和92.11%，说明专家们对参与此项研究工作非常重视，积极性高。

3.2.1.4 专家意见权威程度

专家意见的权威程度（*Cr*）由养老服务专家对问题作出判断的依据（*Ca*）

和对问题的熟悉程度（*Cs*）决定。专家对问题的熟悉程度依次分为5个等级，分别为：熟悉、较熟悉、一般、不太熟悉和不熟悉，专家对问题作出判断依据依次分为5类，分别为：理论分析、实践经验、向同行了解、直觉和不知道。专家意见权威程度为判断依据和熟悉程度赋值的算术平均值，计算公式为：$Cr=(Ca+Cs)/2$[154]。养老服务专家判断依据和熟悉程度的赋值见表3-5。

表3-5　专家熟悉程度（*Cs*）和判断依据（*Ca*）的赋值表

熟悉程度	*Cs*	判断依据	*Ca*
熟悉	1.0	理论分析	1.0
较熟悉	0.8	实践经验	0.8
一般	0.6	同行了解	0.6
不太熟悉	0.4	直觉	0.4
不熟悉	0.2	不知道	0.2

3.2.1.5　专家判断系数

通过对专家自填的判断依据进行分析发现，在一级指标中，专家的判断依据为理论分析和实践经验占比为100%，其中实践经验占比较高，没有判断依据为向同行了解、直觉和不知道。在二级指标中，专家判断依据的靠直觉的指标只有1个，尚未见不知道，说明专家对二级指标较为了解；三级指标中有7个指标各出现了1个判断依据是，向同行了解，未见专家选择直觉和不知道，说明专家对指标的判断依据主要来自实践经验，其次是理论分析。专家对指标判断依据的情况见表3-6。

表3-6　专家判断依据频数表

指标	理论分析		实践经验		向同行了解		直觉		不知道	
	频数	/%	频数	/%	频数	/%	频数	/%	频数	/%
A_1	7	19.44	29	80.56	0	0.00	0	0.00	0	0.00
A_2	6	16.67	30	83.33	0	0.00	0	0.00	0	0.00
A_3	5	13.89	31	86.11	0	0.00	0	0.00	0	0.00
A_4	5	13.89	31	86.11	0	0.00	0	0.00	0	0.00
A_5	5	13.89	31	86.11	0	0.00	0	0.00	0	0.00
$B_{1.1}$	5	13.89	31	86.11	0	0.00	0	0.00	0	0.00
$B_{1.2}$	4	11.11	32	88.89	0	0.00	0	0.00	0	0.00
$B_{1.3}$	8	22.22	28	77.78	0	0.00	0	0.00	0	0.00
$B_{1.4}$	8	22.22	28	77.78	0	0.00	0	0.00	0	0.00
$B_{1.5}$	7	19.44	29	80.56	0	0.00	0	0.00	0	0.00
$B_{1.6}$	6	16.67	30	83.33	0	0.00	0	0.00	0	0.00
$B_{1.7}$	8	22.22	27	75.00	0	0.00	1	2.78	0	0.00
$B_{1.8}$	5	13.89	31	86.11	0	0.00	0	0.00	0	0.00
$B_{1.9}$	6	16.67	30	83.33	0	0.00	0	0.00	0	0.00
$B_{1.10}$	6	16.67	30	83.33	0	0.00	0	0.00	0	0.00
$B_{1.11}$	5	13.89	31	86.11	0	0.00	0	0.00	0	0.00

表 3-6（续）

指标	理论分析		实践经验		向同行了解		直觉		不知道	
	频数	/%	频数	/%	频数	/%	频数	/%	频数	/%
$B_{1.12}$	7	19.44	29	80.56	0	0.00	0	0.00	0	0.00
$B_{1.13}$	7	19.44	29	80.56	0	0.00	0	0.00	0	0.00
$B_{2.1}$	6	16.67	30	83.33	0	0.00	0	0.00	0	0.00
$B_{2.2}$	6	16.67	30	83.33	0	0.00	0	0.00	0	0.00
$B_{2.3}$	6	16.67	30	83.33	0	0.00	0	0.00	0	0.00
$B_{3.1}$	4	11.11	32	88.89	0	0.00	0	0.00	0	0.00
$B_{3.2}$	5	13.89	31	86.11	0	0.00	0	0.00	0	0.00
$B_{4.1}$	3	8.33	33	91.67	0	0.00	0	0.00	0	0.00
$B_{4.2}$	3	8.33	33	91.67	0	0.00	0	0.00	0	0.00
$B_{4.3}$	3	8.33	33	91.67	0	0.00	0	0.00	0	0.00
$B_{5.1}$	4	11.11	32	88.89	0	0.00	0	0.00	0	0.00
$B_{5.2}$	3	8.33	33	91.67	0	0.00	0	0.00	0	0.00
$B_{5.3}$	2	5.56	34	94.44	0	0.00	0	0.00	0	0.00
$B_{5.4}$	3	8.33	33	91.67	0	0.00	0	0.00	0	0.00
$B_{5.5}$	3	8.33	33	91.67	0	0.00	0	0.00	0	0.00
$B_{5.6}$	4	11.11	32	88.89	0	0.00	0	0.00	0	0.00
$C_{1.1.1}$	7	19.44	29	80.56	0	0.00	0	0.00	0	0.00
$C_{1.1.2}$	7	19.44	29	80.56	0	0.00	0	0.00	0	0.00
$C_{1.2.1}$	5	13.89	31	86.11	0	0.00	0	0.00	0	0.00
$C_{1.2.2}$	8	22.22	28	77.78	0	0.00	0	0.00	0	0.00
$C_{1.3.1}$	5	13.89	31	86.11	0	0.00	0	0.00	0	0.00
$C_{1.4.1}$	9	25.00	27	75.00	0	0.00	0	0.00	0	0.00
$C_{1.5.1}$	7	19.44	29	80.56	0	0.00	0	0.00	0	0.00
$C_{1.5.2}$	4	11.11	32	88.89	0	0.00	0	0.00	0	0.00
$C_{1.6.1}$	8	22.22	28	77.78	0	0.00	0	0.00	0	0.00
$C_{1.6.2}$	5	13.89	31	86.11	0	0.00	0	0.00	0	0.00
$C_{1.7.1}$	7	19.44	29	80.56	0	0.00	0	0.00	0	0.00
$C_{1.7.2}$	7	19.44	29	80.56	0	0.00	0	0.00	0	0.00
$C_{1.8.1}$	5	13.89	31	86.11	0	0.00	0	0.00	0	0.00
$C_{1.8.2}$	5	13.89	31	86.11	0	0.00	0	0.00	0	0.00
$C_{1.9.1}$	6	16.67	30	83.33	0	0.00	0	0.00	0	0.00
$C_{1.10.1}$	5	13.89	31	86.11	0	0.00	0	0.00	0	0.00
$C_{1.11.1}$	7	19.44	29	80.56	0	0.00	0	0.00	0	0.00
$C_{1.12.1}$	7	19.44	29	80.56	0	0.00	0	0.00	0	0.00
$C_{1.12.2}$	5	13.89	31	86.11	0	0.00	0	0.00	0	0.00
$C_{1.12.3}$	5	13.89	31	86.11	0	0.00	0	0.00	0	0.00
$C_{1.12.4}$	7	19.44	29	80.56	0	0.00	0	0.00	0	0.00
$C_{1.12.5}$	5	13.89	31	86.11	0	0.00	0	0.00	0	0.00
$C_{1.13.1}$	7	19.44	29	80.56	0	0.00	0	0.00	0	0.00
$C_{2.1.1}$	8	22.22	28	77.78	0	0.00	0	0.00	0	0.00
$C_{2.1.2}$	7	19.44	28	77.78	1	2.78	0	0.00	0	0.00
$C_{2.1.3}$	7	19.44	28	77.78	1	2.78	0	0.00	0	0.00
$C_{2.1.4}$	7	19.44	28	77.78	1	2.78	0	0.00	0	0.00

表 3-6（续）

指标	理论分析		实践经验		向同行了解		直觉		不知道	
	频数	/%	频数	/%	频数	/%	频数	/%	频数	/%
$C_{2.1.5}$	7	19.44	28	77.78	1	2.78	0	0.00	0	0.00
$C_{2.1.6}$	7	19.44	28	77.78	1	2.78	0	0.00	0	0.00
$C_{2.1.7}$	10	27.78	26	72.22	0	0.00	0	0.00	0	0.00
$C_{2.1.8}$	9	25.00	27	75.00	0	0.00	0	0.00	0	0.00
$C_{2.1.9}$	9	25.00	27	75.00	0	0.00	0	0.00	0	0.00
$C_{2.1.10}$	9	25.00	27	75.00	0	0.00	0	0.00	0	0.00
$C_{2.1.11}$	9	25.00	27	75.00	0	0.00	0	0.00	0	0.00
$C_{2.1.12}$	6	16.66	29	80.56	1	2.78	0	0.00	0	0.00
$C_{2.1.13}$	8	22.22	28	77.78	0	0.00	0	0.00	0	0.00
$C_{2.1.14}$	8	22.22	28	77.78	0	0.00	0	0.00	0	0.00
$C_{2.1.15}$	8	22.22	28	77.78	0	0.00	0	0.00	0	0.00
$C_{2.1.16}$	8	22.22	28	77.78	0	0.00	0	0.00	0	0.00
$C_{2.1.17}$	8	22.22	28	77.78	0	0.00	0	0.00	0	0.00
$C_{2.1.18}$	8	22.22	28	77.78	0	0.00	0	0.00	0	0.00
$C_{2.1.19}$	8	22.22	28	77.78	0	0.00	0	0.00	0	0.00
$C_{2.1.20}$	6	16.67	30	83.33	0	0.00	0	0.00	0	0.00
$C_{2.1.21}$	8	22.22	28	77.78	0	0.00	0	0.00	0	0.00
$C_{2.1.22}$	8	22.22	28	77.78	0	0.00	0	0.00	0	0.00
$C_{2.1.23}$	8	22.22	28	77.78	0	0.00	0	0.00	0	0.00
$C_{2.1.24}$	8	22.22	28	77.78	0	0.00	0	0.00	0	0.00
$C_{2.1.25}$	8	22.22	28	77.78	0	0.00	0	0.00	0	0.00
$C_{2.1.26}$	8	22.22	28	77.78	0	0.00	0	0.00	0	0.00
$C_{2.1.27}$	8	22.22	28	77.78	0	0.00	0	0.00	0	0.00
$C_{2.1.28}$	8	22.22	28	77.78	0	0.00	0	0.00	0	0.00
$C_{2.1.29}$	8	22.22	28	77.78	0	0.00	0	0.00	0	0.00
$C_{2.1.30}$	8	22.22	28	77.78	0	0.00	0	0.00	0	0.00
$C_{2.2.1}$	4	11.11	32	88.89	0	0.00	0	0.00	0	0.00
$C_{2.3.1}$	4	11.11	32	88.89	0	0.00	0	0.00	0	0.00
$C_{3.1.1}$	5	13.89	31	86.11	0	0.00	0	0.00	0	0.00
$C_{3.1.2}$	4	11.11	32	88.89	0	0.00	0	0.00	0	0.00
$C_{3.1.3}$	3	8.30	33	91.70	0	0.00	0	0.00	0	0.00
$C_{3.1.4}$	7	19.44	29	80.56	0	0.00	0	0.00	0	0.00
$C_{3.1.5}$	6	16.67	30	83.33	0	0.00	0	0.00	0	0.00
$C_{3.1.6}$	6	16.67	30	83.33	0	0.00	0	0.00	0	0.00
$C_{3.1.7}$	6	16.67	30	83.33	0	0.00	0	0.00	0	0.00
$C_{3.1.8}$	6	16.67	29	80.55	1	2.78	0	0.00	0	0.00
$C_{3.2.1}$	5	13.89	31	86.11	0	0.00	0	0.00	0	0.00
$C_{4.1.1}$	2	5.56	34	94.44	0	0.00	0	0.00	0	0.00
$C_{4.2.1}$	2	5.56	34	94.44	0	0.00	0	0.00	0	0.00
$C_{4.3.1}$	2	5.56	34	94.44	0	0.00	0	0.00	0	0.00
$C_{5.1.1}$	2	5.56	34	94.44	0	0.00	0	0.00	0	0.00
$C_{5.2.1}$	8	22.22	28	77.78	0	0.00	0	0.00	0	0.00
$C_{5.3.1}$	6	16.67	30	83.33	0	0.00	0	0.00	0	0.00

表 3-6（续）

指标	理论分析		实践经验		向同行了解		直觉		不知道	
	频数	/%	频数	/%	频数	/%	频数	/%	频数	/%
$C_{5.4.1}$	7	19.44	29	80.56	0	0.00	0	0.00	0	0.00
$C_{5.5.1}$	5	13.89	31	86.11	0	0.00	0	0.00	0	0.00
$C_{5.6.1}$	6	16.67	30	83.33	0	0.00	0	0.00	0	0.00

3.2.1.6 专家熟悉程度系数

通过统计分析发现，有 100%的专家表示对一级指标很熟悉和较熟悉；在二级指标中，100%的专家表示指标很熟悉和较熟悉；在三级指标中，专家表示对 5 个指标一般熟悉。专家对一、二级和三级指标的熟悉程度详见表 3-7。

表 3-7　专家熟悉程度频数表

指标	很熟悉		较熟悉		一般		不大熟悉		不熟悉	
	频数	/%	频数	/%	频数	/%	频数	/%	频数	/%
A_1	30	83.33	6	16.67	0	0.00	0	0.00	0	0.00
A_2	32	88.89	4	11.11	0	0.00	0	0.00	0	0.00
A_3	29	80.56	7	19.44	0	0.00	0	0.00	0	0.00
A_4	31	86.11	5	13.89	0	0.00	0	0.00	0	0.00
A_5	27	75.00	9	25.00	0	0.00	0	0.00	0	0.00
$B_{1.1}$	31	86.11	5	13.89	0	0.00	0	0.00	0	0.00
$B_{1.2}$	29	80.56	7	19.44	0	0.00	0	0.00	0	0.00
$B_{1.3}$	29	80.56	7	19.44	0	0.00	0	0.00	0	0.00
$B_{1.4}$	24	66.67	12	33.33	0	0.00	0	0.00	0	0.00
$B_{1.5}$	30	83.33	6	16.67	0	0.00	0	0.00	0	0.00
$B_{1.6}$	32	88.89	4	11.11	0	0.00	0	0.00	0	0.00
$B_{1.7}$	27	75.00	9	25.00	0	0.00	0	0.00	0	0.00
$B_{1.8}$	30	83.33	6	16.67	0	0.00	0	0.00	0	0.00
$B_{1.9}$	32	88.89	4	11.11	0	0.00	0	0.00	0	0.00
$B_{1.10}$	31	86.11	5	13.89	0	0.00	0	0.00	0	0.00
$B_{1.11}$	29	80.56	7	19.44	0	0.00	0	0.00	0	0.00
$B_{1.12}$	29	80.56	7	19.44	0	0.00	0	0.00	0	0.00
$B_{1.13}$	29	80.56	7	19.44	0	0.00	0	0.00	0	0.00
$B_{2.1}$	32	88.89	4	11.11	0	0.00	0	0.00	0	0.00
$B_{2.2}$	29	80.56	7	19.44	0	0.00	0	0.00	0	0.00
$B_{2.3}$	31	86.11	5	13.89	0	0.00	0	0.00	0	0.00
$B_{3.1}$	28	77.78	8	22.22	0	0.00	0	0.00	0	0.00
$B_{3.2}$	30	83.33	6	16.67	0	0.00	0	0.00	0	0.00
$B_{4.1}$	29	80.56	7	19.44	0	0.00	0	0.00	0	0.00
$B_{4.2}$	28	77.78	8	22.22	0	0.00	0	0.00	0	0.00
$B_{4.3}$	28	77.78	8	22.22	0	0.00	0	0.00	0	0.00
$B_{5.1}$	28	77.78	8	22.22	0	0.00	0	0.00	0	0.00
$B_{5.2}$	29	80.56	7	19.44	0	0.00	0	0.00	0	0.00
$B_{5.3}$	27	75.00	9	25.00	0	0.00	0	0.00	0	0.00
$B_{5.4}$	29	80.56	7	19.44	0	0.00	0	0.00	0	0.00

表 3-7（续）

指标	很熟悉		较熟悉		一般		不大熟悉		不熟悉	
	频数	/%	频数	/%	频数	/%	频数	/%	频数	/%
$B_{5.5}$	29	80.56	7	19.44	0	0.00	0	0.00	0	0.00
$B_{5.6}$	28	77.78	8	22.22	0	0.00	0	0.00	0	0.00
$C_{1.1.1}$	29	80.56	6	16.66	1	2.78	0	0.00	0	0.00
$C_{1.1.2}$	27	75.00	8	22.22	1	2.78	0	0.00	0	0.00
$C_{1.2.1}$	29	80.56	7	19.44	0	0.00	0	0.00	0	0.00
$C_{1.2.2}$	27	75.00	9	25.00	0	0.00	0	0.00	0	0.00
$C_{1.3.1}$	24	66.67	12	33.33	0	0.00	0	0.00	0	0.00
$C_{1.4.1}$	24	66.67	12	33.33	0	0.00	0	0.00	0	0.00
$C_{1.5.1}$	27	75.00	9	25.00	0	0.00	0	0.00	0	0.00
$C_{1.5.2}$	28	77.78	8	22.22	0	0.00	0	0.00	0	0.00
$C_{1.6.1}$	30	83.33	6	16.67	0	0.00	0	0.00	0	0.00
$C_{1.6.2}$	31	86.11	5	13.89	0	0.00	0	0.00	0	0.00
$C_{1.7.1}$	25	69.44	10	27.78	1	2.78	0	0.00	0	0.00
$C_{1.7.2}$	29	80.56	6	16.67	1	2.78	0	0.00	0	0.00
$C_{1.8.1}$	29	80.56	7	19.44	0	0.00	0	0.00	0	0.00
$C_{1.8.2}$	28	77.78	8	22.22	0	0.00	0	0.00	0	0.00
$C_{1.9.1}$	29	80.56	7	19.44	0	0.00	0	0.00	0	0.00
$C_{1.10.1}$	29	80.56	7	19.44	0	0.00	0	0.00	0	0.00
$C_{1.11.1}$	29	80.56	7	19.44	0	0.00	0	0.00	0	0.00
$C_{1.12.1}$	31	86.11	5	13.89	0	0.00	0	0.00	0	0.00
$C_{1.12.2}$	28	77.78	8	22.22	0	0.00	0	0.00	0	0.00
$C_{1.12.3}$	25	69.44	11	30.56	0	0.00	0	0.00	0	0.00
$C_{1.12.4}$	26	72.22	10	27.78	0	0.00	0	0.00	0	0.00
$C_{1.12.5}$	25	69.44	11	30.56	0	0.00	0	0.00	0	0.00
$C_{1.13.1}$	28	77.78	8	22.22	0	0.00	0	0.00	0	0.00
$C_{2.1.1}$	30	83.33	6	16.67	0	0.00	0	0.00	0	0.00
$C_{2.1.2}$	30	83.33	6	16.67	0	0.00	0	0.00	0	0.00
$C_{2.1.3}$	30	83.33	6	16.67	0	0.00	0	0.00	0	0.00
$C_{2.1.4}$	30	83.33	6	16.67	0	0.00	0	0.00	0	0.00
$C_{2.1.5}$	29	80.56	7	19.44	0	0.00	0	0.00	0	0.00
$C_{2.1.6}$	29	80.56	7	19.44	0	0.00	0	0.00	0	0.00
$C_{3.1.7}$	30	83.33	6	16.67	0	0.00	0	0.00	0	0.00
$C_{2.1.8}$	30	83.33	6	16.67	0	0.00	0	0.00	0	0.00
$C_{2.1.9}$	30	83.33	6	16.67	0	0.00	0	0.00	0	0.00
$C_{2.1.10}$	31	86.11	5	13.89	0	0.00	0	0.00	0	0.00
$C_{2.1.11}$	30	83.33	6	16.67	0	0.00	0	0.00	0	0.00
$C_{2.1.12}$	28	77.78	8	22.22	0	0.00	0	0.00	0	0.00
$C_{2.1.13}$	30	83.33	6	16.67	0	0.00	0	0.00	0	0.00
$C_{2.1.14}$	30	83.33	6	16.67	0	0.00	0	0.00	0	0.00
$C_{2.1.15}$	30	83.33	6	16.67	0	0.00	0	0.00	0	0.00
$C_{2.1.16}$	31	86.11	5	13.89	0	0.00	0	0.00	0	0.00
$C_{2.1.17}$	30	83.33	6	16.67	0	0.00	0	0.00	0	0.00
$C_{2.1.18}$	30	83.33	6	16.67	0	0.00	0	0.00	0	0.00

表 3-7（续）

指标	很熟悉		较熟悉		一般		不大熟悉		不熟悉	
	频数	/%	频数	/%	频数	/%	频数	/%	频数	/%
$C_{2.1.19}$	30	83.33	5	13.89	1	2.78	0	0.00	0	0.00
$C_{2.1.20}$	29	80.56	7	19.44	0	0.00	0	0.00	0	0.00
$C_{2.1.21}$	30	83.33	6	16.67	0	0.00	0	0.00	0	0.00
$C_{2.1.22}$	30	83.33	6	16.67	0	0.00	0	0.00	0	0.00
$C_{2.1.23}$	30	83.33	6	16.67	0	0.00	0	0.00	0	0.00
$C_{2.1.24}$	30	83.33	6	16.67	0	0.00	0	0.00	0	0.00
$C_{2.1.25}$	30	83.33	6	16.67	0	0.00	0	0.00	0	0.00
$C_{2.1.26}$	30	83.33	6	16.67	0	0.00	0	0.00	0	0.00
$C_{2.1.27}$	30	83.33	6	16.67	0	0.00	0	0.00	0	0.00
$C_{2.1.28}$	30	83.33	6	16.67	0	0.00	0	0.00	0	0.00
$C_{2.1.29}$	30	83.33	6	16.67	0	0.00	0	0.00	0	0.00
$C_{2.1.30}$	29	80.56	7	19.44	0	0.00	0	0.00	0	0.00
$C_{2.2.1}$	25	69.44	11	30.56	0	0.00	0	0.00	0	0.00
$C_{2.3.1}$	26	72.22	10	27.78	0	0.00	0	0.00	0	0.00
$C_{3.1.1}$	27	75.00	9	25.00	0	0.00	0	0.00	0	0.00
$C_{3.1.2}$	29	80.56	7	19.44	0	0.00	0	0.00	0	0.00
$C_{3.1.3}$	30	83.33	6	16.67	0	0.00	0	0.00	0	0.00
$C_{3.1.4}$	31	86.11	5	13.89	0	0.00	0	0.00	0	0.00
$C_{3.1.5}$	29	80.56	7	19.44	0	0.00	0	0.00	0	0.00
$C_{3.1.6}$	30	83.33	6	16.67	0	0.00	0	0.00	0	0.00
$C_{3.1.7}$	30	83.33	6	16.67	0	0.00	0	0.00	0	0.00
$C_{3.1.8}$	31	86.11	5	13.89	0	0.00	0	0.00	0	0.00
$C_{3.2.1}$	29	80.56	7	19.44	0	0.00	0	0.00	0	0.00
$C_{4.1.1}$	28	77.78	8	22.22	0	0.00	0	0.00	0	0.00
$C_{4.2.1}$	27	75.00	9	25.00	0	0.00	0	0.00	0	0.00
$C_{4.3.1}$	29	80.56	7	19.44	0	0.00	0	0.00	0	0.00
$C_{5.1.1}$	29	80.56	7	19.44	0	0.00	0	0.00	0	0.00
$C_{5.2.1}$	32	88.89	4	11.11	0	0.00	0	0.00	0	0.00
$C_{5.3.1}$	29	80.56	7	19.44	0	0.00	0	0.00	0	0.00
$C_{5.4.1}$	26	72.22	10	27.78	0	0.00	0	0.00	0	0.00
$C_{5.5.1}$	27	75.00	9	25.00	0	0.00	0	0.00	0	0.00
$C_{5.6.1}$	30	83.33	6	16.67	0	0.00	0	0.00	0	0.00

3.2.1.7 专家权威系数

专家意见权威程度按照判断依据和熟悉程度赋值的算术平均值即计算公式 $Cr=(Ca+Cs)/2$ 进行计算，一般专家认为 $Cr\geqslant0.70$ 为可接受信度。本次参与的 36 位专家权威程度（权威系数）及判断的依据和熟悉程度结果：熟悉程度评分为0.87～1.00，平均为 0.96±0.04；判断依据评分为 0.80～1.00，平均为 0.83±0.06；权威系数为 0.83～1.00，平均为 0.90±0.03。因此，从本咨询的专家权威程度评价所得的结果来看，36 位专家对此次评判的内容其权威程度是比较高的，结果也是可信的。专家权威系数详见表 3-8。

表 3-8 第一轮 36 位专家的权威系数

专家编号	熟悉程度	判断依据	权威系数
ZJ_1	0.88	0.80	0.84
ZJ_2	1.00	0.80	0.90
ZJ_3	1.00	0.80	0.90
ZJ_4	1.00	0.84	0.92
ZJ_5	1.00	1.00	1.00
ZJ_6	0.96	0.80	0.88
ZJ_7	0.96	0.82	0.89
ZJ_8	0.97	0.86	0.91
ZJ_9	1.00	0.80	0.90
ZJ_{10}	0.90	0.84	0.87
ZJ_{11}	0.93	0.80	0.87
ZJ_{12}	1.00	0.81	0.91
ZJ_{13}	1.00	0.81	0.91
ZJ_{14}	0.96	0.91	0.93
ZJ_{15}	0.89	0.80	0.84
ZJ_{16}	0.91	0.88	0.89
ZJ_{17}	0.92	0.82	0.87
ZJ_{18}	0.91	0.90	0.91
ZJ_{19}	0.96	0.94	0.95
ZJ_{20}	0.88	0.82	0.85
ZJ_{21}	0.90	0.90	0.90
ZJ_{22}	0.97	0.81	0.89
ZJ_{23}	0.94	0.81	0.88
ZJ_{24}	1.00	0.80	0.90
ZJ_{25}	1.00	0.80	0.90
ZJ_{26}	1.00	0.80	0.90
ZJ_{27}	0.87	0.80	0.83
ZJ_{28}	1.00	0.80	0.90
ZJ_{29}	1.00	0.80	0.90
ZJ_{30}	1.00	0.80	0.90
ZJ_{31}	1.00	0.80	0.90
ZJ_{32}	0.99	0.81	0.90
ZJ_{33}	1.00	0.80	0.90
ZJ_{34}	1.00	0.80	0.90
ZJ_{35}	1.00	0.80	0.90
ZJ_{36}	1.00	1.00	1.00

专家意见协调程度，重要性、可操作性和敏感性的总分为 100 分，根据第一轮调查结果，36 位专家对重要性、可操作性和敏感性的分值计算专家意见协调系数 W 为 0.561（$\chi^2=40.422$，d$f=2$，$P<0.001$）；第二轮调查结果 35 位专家对重要性、可操作性和敏感性的分值计算专家意见协调系数 W 为 0.698（$\chi^2=48.881$，d$f=2$，$P<0.001$），对各指标进行协调系数分析，其中一级指标的第一轮协调系数为 0.1413，第二轮协调系数为 0.1100 ；二级指标的第一轮协调系数为 0.1160，第二轮协调系数为 0.0682；三级指标的第一轮协调系数为

0.0861，第二轮协调系数为0.0649，P 值均小于 0.05，有统计学差别，说明有专家一致性。见表 3-9。

表 3-9 指标协调系数及假设检验结果

	指标	协调系数	卡方值	自由度	P
第一轮	一级指标	0.1413	20.350	4	<0.001
	二级指标	0.1160	108.570	26	<0.001
	三级指标	0.0861	204.53	72	<0.001
第二轮	一级指标	0.1100	15.406	4	<0.001
	二级指标	0.0682	62.101	26	<0.001
	三级指标	0.0649	158.822	72	<0.001

3.2.1.8 指标的权重评分

重要性、可操作性和敏感性的总分为 100 分，根据第一轮调查结果，36 位专家对重要性、可操作性和敏感性的分值分配进行计算得出，重要性、可操作性和敏感性的权重分别为 39.44%、39.31%和 21.25%，见表 3-10。

表 3-10 重要性、可操作性和敏感性的分值分配及权重

	均值	标准差	标准误	最小值	最大值	权重/%
重要性	39.44	10.94	1.82	20	65	39.44
可操作性	39.31	8.03	1.34	20	60	39.31
敏感性	21.25	7.69	1.28	10	35	21.25
小计						100.00

重要性、可操作性和敏感性用算术均数（$\overline{X}$），标准差（S）和变异系数（CV）来进行表述。算术均数越大，说明指标越重要（可操作性强/敏感性强）；标准差和变异系数越小，说明专家意见越集中。变异系数的计算公式为：变异系数 $CV=$（标准差 SD / 平均值 $Mean$）$\times 100\%$。

在一级指标中重要性评分最高为 A_2（基础服务质量）均数是 9.89±0.32 分，其次为 A_1（管理结构规范性）均数为 9.69±0.71 分，可操作性评分最高的为 A_2（基础服务质量）均数为 9.39±0.87 分，敏感性评分最高仍然为 A_2（基础服务质量）均值为 9.44±0.77 分。重要性、可操作性和敏感性评分的变异系数大小不一，最高值为 0.13，说明专家评分一致性可。一、二级和三级指标重要性、可操作性和敏感性评分详见表 3-11、表 3-12 和表 3-13。

表 3-11 一级指标重要性、可操作性和敏感性评分结果

编码	重要性评分			可操作性评分			敏感性评分		
	$\overline{X}$	S	CV	$\overline{X}$	S	CV	$\overline{X}$	S	CV
A_1	9.69	0.71	0.07	9.33	0.93	0.10	9.19	0.95	0.10
A_2	9.89	0.32	0.03	9.39	0.87	0.09	9.44	0.77	0.08
A_3	9.64	0.68	0.07	9.28	1.00	0.11	9.22	1.05	0.11
A_4	9.33	0.89	0.10	9.08	1.05	0.12	9.06	1.19	0.13
A_5	9.61	0.64	0.07	9.19	0.95	0.10	9.25	1.00	0.11

表 3－12 二级指标重要性、可操作性和敏感性评分结果

编码	重要性评分			可操作性评分			敏感性评分		
	$\overline{X}$	S	CV	$\overline{X}$	S	CV	$\overline{X}$	S	CV
$B_{1.1}$	9.67	0.63	0.07	9.31	0.92	0.10	9.31	0.82	0.09
$B_{1.2}$	9.64	0.64	0.07	9.36	0.99	0.11	9.36	0.93	0.10
$B_{1.3}$	9.64	0.64	0.07	9.39	0.93	0.10	9.44	0.69	0.07
$B_{1.4}$	9.31	0.92	0.10	9.53	0.88	0.09	9.22	0.99	0.11
$B_{1.5}$	9.53	0.91	0.10	9.42	0.90	0.10	9.28	0.81	0.09
$B_{1.6}$	9.64	0.64	0.07	9.39	1.02	0.11	9.31	0.98	0.11
$B_{1.7}$	9.50	0.77	0.08	9.28	0.88	0.10	9.25	0.87	0.09
$B_{1.8}$	9.67	0.63	0.07	9.42	0.73	0.08	9.11	0.95	0.10
$B_{1.9}$	9.81	0.47	0.05	9.42	0.97	0.10	9.44	0.77	0.08
$B_{1.10}$	9.78	0.48	0.05	9.39	0.84	0.09	9.28	0.88	0.10
$B_{1.11}$	9.69	0.67	0.07	9.28	1.00	0.11	9.47	0.74	0.08
$B_{1.12}$	9.53	0.70	0.07	9.14	1.05	0.11	9.22	0.87	0.09
$B_{1.13}$	9.31	0.92	0.10	9.25	0.91	0.10	8.94	1.20	0.13
$B_{2.1}$	9.86	0.42	0.04	9.72	0.61	0.06	9.31	1.20	0.13
$B_{2.2}$	9.14	0.83	0.09	9.17	0.91	0.10	8.92	0.97	0.11
$B_{2.3}$	9.86	0.42	0.04	9.42	0.91	0.10	9.53	0.77	0.08
$B_{3.1}$	9.56	0.69	0.07	9.33	0.89	0.10	9.11	1.06	0.12
$B_{3.2}$	9.44	1.30	0.14	9.06	1.74	0.19	9.14	1.30	0.14
$B_{4.1}$	9.47	0.77	0.08	9.53	0.70	0.07	9.14	1.02	0.11
$B_{4.2}$	9.28	1.40	0.14	9.17	1.11	0.12	9.19	1.04	0.11
$B_{4.3}$	9.17	1.03	0.11	9.06	1.22	0.13	8.83	1.20	0.14
$B_{5.1}$	9.83	0.51	0.05	9.17	0.91	0.10	9.39	0.87	0.09
$B_{5.2}$	9.83	0.45	0.05	9.33	0.86	0.09	9.33	0.86	0.09
$B_{5.3}$	9.56	0.73	0.08	9.36	0.80	0.09	9.25	1.00	0.11
$B_{5.4}$	9.67	0.68	0.07	9.19	0.89	0.10	9.14	0.90	0.10
$B_{5.5}$	9.75	0.50	0.05	9.28	0.97	0.11	9.39	0.90	0.10
$B_{5.6}$	9.22	0.96	0.10	9.14	1.07	0.12	9.17	1.03	0.11
$C_{1.1.1}$	9.58	0.77	0.08	9.33	0.96	0.10	9.14	0.99	0.11
$C_{1.1.2}$	9.50	1.30	0.14	9.39	0.99	0.11	9.25	0.91	0.10
$C_{1.2.1}$	9.83	0.45	0.05	9.47	1.11	0.12	9.53	0.84	0.09
$C_{1.2.2}$	9.83	0.51	0.05	9.72	0.70	0.07	9.42	0.94	0.10
$C_{1.3.1}$	9.61	0.65	0.07	9.39	0.77	0.08	9.44	0.81	0.09
$C_{1.4.1}$	9.53	0.74	0.08	9.56	0.81	0.08	9.53	0.74	0.08
$C_{1.5.1}$	9.78	0.54	0.06	9.64	0.80	0.08	9.53	0.81	0.09
$C_{1.5.2}$	9.81	0.58	0.06	9.33	0.89	0.10	9.42	0.87	0.09
$C_{1.6.1}$	9.69	0.62	0.06	9.50	0.91	0.10	9.72	0.61	0.06
$C_{1.6.2}$	9.69	0.58	0.06	9.39	0.93	0.10	9.69	0.62	0.06
$C_{1.7.1}$	9.81	0.58	0.06	9.47	0.97	0.10	9.50	0.88	0.09
$C_{1.7.2}$	9.75	0.55	0.06	9.53	0.81	0.08	9.61	0.87	0.09
$C_{1.8.1}$	9.78	0.54	0.06	9.53	0.84	0.09	9.53	0.74	0.08
$C_{1.8.2}$	9.86	0.59	0.06	9.36	0.90	0.10	9.53	0.77	0.08
$C_{1.9.1}$	9.81	0.52	0.05	9.44	0.84	0.09	9.44	0.77	0.08
$C_{1.10.1}$	9.81	0.52	0.05	9.22	0.96	0.10	9.31	0.86	0.09

表 3-13 三级指标重要性、可操作性和敏感性评分结果

编码	重要性评分			可操作性评分			敏感性评分		
	$\overline{X}$	S	CV	$\overline{X}$	S	CV	$\overline{X}$	S	CV
$C_{1.11.1}$	9.81	0.58	0.06	9.31	0.86	0.09	9.36	0.80	0.09
$C_{1.12.1}$	9.75	0.55	0.06	9.64	0.68	0.07	9.50	0.77	0.08
$C_{1.12.2}$	9.72	0.70	0.07	9.28	0.91	0.10	9.14	1.22	0.13
$C_{1.12.3}$	9.61	0.69	0.07	9.19	0.92	0.10	9.11	1.06	0.12
$C_{1.12.4}$	9.69	0.58	0.06	9.25	0.94	0.10	9.44	0.77	0.08
$C_{1.12.5}$	9.69	0.67	0.07	9.25	0.94	0.10	9.33	0.86	0.09
$C_{1.13.1}$	9.64	0.76	0.08	9.28	0.97	0.11	9.14	0.96	0.11
$C_{2.1.1}$	9.72	0.66	0.07	9.72	0.57	0.06	9.58	0.84	0.09
$C_{2.1.2}$	9.75	0.65	0.07	9.75	0.69	0.07	9.53	1.00	0.10
$C_{2.1.3}$	9.64	0.68	0.07	9.64	0.83	0.09	9.39	1.02	0.11
$C_{2.1.4}$	9.75	0.60	0.06	9.81	0.62	0.06	9.53	0.81	0.09
$C_{2.1.5}$	9.69	0.67	0.07	9.69	0.75	0.08	9.53	0.88	0.09
$C_{2.1.6}$	9.72	0.61	0.06	9.64	0.87	0.09	9.25	1.66	0.18
$C_{2.1.7}$	9.72	0.66	0.07	9.75	0.69	0.07	9.50	0.85	0.09
$C_{2.1.8}$	9.78	0.54	0.06	9.78	0.64	0.07	9.42	1.02	0.11
$C_{2.1.9}$	9.78	0.54	0.06	9.78	0.64	0.07	9.50	1.00	0.11
$C_{2.1.10}$	9.78	0.64	0.07	9.72	0.78	0.08	9.58	0.81	0.08
$C_{2.1.11}$	9.67	0.76	0.08	9.75	0.73	0.08	9.58	0.84	0.09
$C_{2.1.12}$	9.08	1.20	0.13	9.25	1.16	0.12	9.19	1.06	0.12
$C_{2.1.13}$	9.83	0.45	0.05	9.75	0.55	0.06	9.61	0.77	0.08
$C_{2.1.14}$	9.83	0.45	0.05	9.67	0.83	0.09	9.58	0.81	0.08
$C_{2.1.15}$	9.86	0.42	0.04	9.69	0.75	0.08	9.56	0.81	0.08
$C_{2.1.16}$	9.81	0.52	0.05	9.61	0.73	0.08	9.53	0.84	0.09
$C_{2.1.17}$	9.75	0.69	0.07	9.64	0.87	0.09	9.56	0.84	0.09
$C_{2.1.18}$	9.83	0.45	0.05	9.86	0.35	0.04	9.72	0.66	0.07
$C_{2.1.19}$	9.86	0.42	0.04	9.83	0.45	0.05	9.67	0.72	0.07
$C_{2.1.20}$	9.42	0.81	0.09	9.56	0.84	0.09	9.31	1.09	0.12
$C_{2.1.21}$	9.81	0.47	0.05	9.81	0.47	0.05	9.50	0.77	0.08
$C_{2.1.22}$	9.86	0.42	0.04	9.83	0.38	0.04	9.58	0.77	0.08
$C_{2.1.23}$	9.78	0.64	0.07	9.78	0.48	0.05	9.58	0.77	0.08
$C_{2.1.24}$	9.81	0.52	0.05	9.72	0.57	0.06	9.64	0.76	0.08
$C_{2.1.25}$	9.86	0.42	0.04	9.78	0.54	0.06	9.69	0.71	0.07
$C_{2.1.26}$	9.86	0.42	0.04	9.75	0.55	0.06	9.67	0.72	0.07
$C_{2.1.27}$	9.82	0.47	0.05	9.81	0.46	0.05	9.64	0.72	0.08
$C_{2.1.28}$	9.81	0.47	0.05	9.86	0.35	0.04	9.64	0.72	0.08
$C_{2.1.29}$	9.83	0.45	0.05	9.78	0.54	0.06	9.64	0.72	0.08
$C_{2.1.30}$	9.61	0.77	0.08	9.67	0.68	0.07	9.53	0.77	0.08
$C_{2.2.1}$	9.58	0.69	0.07	9.44	0.77	0.08	9.22	1.05	0.11
$C_{2.3.1}$	9.69	0.62	0.06	9.56	0.73	0.08	9.53	0.81	0.09
$C_{3.1.1}$	9.69	0.67	0.07	9.53	0.81	0.09	9.39	0.90	0.10
$C_{3.1.2}$	9.58	0.65	0.07	9.33	0.99	0.11	9.28	0.97	0.11
$C_{3.1.3}$	9.47	1.30	0.14	9.53	1.30	0.14	9.19	1.20	0.13
$C_{3.1.4}$	9.81	0.52	0.05	9.67	0.67	0.07	9.50	0.85	0.09

表 3-13（续）

编码	重要性评分			可操作性评分			敏感性评分		
	$\overline{X}$	S	CV	$\overline{X}$	S	CV	$\overline{X}$	S	CV
$C_{3.1.5}$	9.86	0.42	0.04	9.69	0.62	0.06	9.42	0.87	0.09
$C_{3.1.6}$	9.89	0.40	0.04	9.67	0.63	0.07	9.44	0.84	0.09
$C_{3.1.7}$	9.78	0.48	0.05	9.53	0.91	0.10	9.39	0.90	0.10
$C_{3.1.8}$	9.81	0.52	0.05	9.47	0.94	0.10	9.39	0.90	0.10
$C_{3.2.1}$	9.69	0.75	0.08	9.42	0.84	0.09	9.25	0.97	0.10
$C_{4.1.1}$	9.64	0.68	0.07	9.42	0.69	0.07	9.22	0.99	0.11
$C_{4.2.1}$	9.44	0.84	0.09	9.06	1.04	0.11	9.08	1.02	0.11
$C_{4.3.1}$	9.47	0.81	0.09	9.25	0.91	0.10	9.11	1.09	0.12
$C_{5.1.1}$	9.78	0.68	0.07	9.28	1.03	0.11	9.53	0.94	0.10
$C_{5.2.1}$	9.83	0.45	0.05	9.56	0.84	0.09	9.33	1.07	0.11
$C_{5.3.1}$	9.67	0.71	0.07	9.33	1.14	0.12	9.25	0.97	0.10
$C_{5.4.1}$	9.64	0.64	0.07	9.28	0.81	0.09	9.11	0.92	0.10
$C_{5.5.1}$	9.64	0.68	0.07	9.44	0.84	0.09	9.44	0.88	0.09
$C_{5.6.1}$	9.39	0.87	0.09	9.31	1.06	0.11	9.17	1.08	0.12

3.2.1.9　指标权重的估计

（1）一级指标的权重分配

在对 36 位专家进行咨询的过程中，有 31 位专家认为指标分类恰当，占比为 86.1%，5 位专家认为指标分类基本恰当，占比为 13.9%，没有专家对一级指标的名称和分类提出异议。各一级指标的平均分均在 8 分以上，变异系数均小于 0.2，说明对于一级指标专家的一致性较好。根据专家咨询的结果，一级指标保持与初始指标一致，分类恰当。指标的权重通过对指标综合评分的均值进行归一化处理来确定，从表 3-11，表 3-12，表 3-13 可知，专家对一级指标、二级指标和三级指标评分的均值均高于 8 分以上，各级指标综合评分同时考虑了指标的重要性、可操作性和敏感性。

前面从专家调查结果已计算出总体指标的重要性权重为 39.44%，可操作性权重为 39.31%，敏感性权重为 21.25%。按公式分别计算出一级指标的重要性、可操作性和敏感性的权重，指标权重 $W=W_1\times$总体相应权重（重要性/可操作性/敏感性）。结果见表 3-14、表 3-15 和表 3-16。

表 3-14　一级指标重要性权重

一级指标	编码	$\overline{X}$	构成比	W_1 权重/%	权重/%
管理结构规范性	A_1	9.69	0.20	20.12	7.94
基础服务质量	A_2	9.89	0.21	20.54	8.10
医疗服务	A_3	9.64	0.20	20.02	7.89
心理社会支持	A_4	9.33	0.19	19.37	7.64
老年人健康管理质量	A_5	9.61	0.20	19.95	7.87
合计		48.16	1.00	100.00	39.44

表 3-15　一级指标可操作性权重

一级指标	编码	$\overline{X}$	构成比	W_1 权重/%	权重/%
管理结构规范性	A_1	9.33	0.20	20.17	7.93
基础服务质量	A_2	9.39	0.20	20.29	7.98
医疗服务	A_3	9.28	0.20	20.06	7.88
心理社会支持	A_4	9.08	0.20	19.62	7.71
老年人健康管理质量	A_5	9.19	0.20	19.86	7.81
合计		46.27	1.00	100.00	39.31

表 3-16　一级指标敏感性权重

一级指标	编码	$\overline{X}$	构成比	W_1 权重/%	权重/%
管理结构规范性	A_1	9.19	0.20	19.91	4.23
基础服务质量	A_2	9.44	0.20	20.45	4.35
医疗服务	A_3	9.22	0.20	19.97	4.24
心理社会支持	A_4	9.06	0.20	19.63	4.17
老年人健康管理质量	A_5	9.25	0.20	20.04	4.26
合计		46.16	1.00	100.00	21.25

最后计算一级指标的综合权重评分，指标综合评分的计算公式为：综合评分＝重要性评分×重要性权重＋可操作性评分×可操作性权重＋敏感性评分×敏感性权重。

在 5 个一级指标中，基础服务质量的权重最高，为 20.42%，心理社会支持最低，为 19.53%。各一级指标的权重见表 3-17。

表 3-17　一级指标权重

一级指标	指标编码	综合评分			综合权重/%
		$\overline{X}$	S	CV	
管理结构规范性	A_1	9.40	0.93	0.10	20.09
基础服务质量	A_2	9.57	0.63	0.07	20.42
医疗服务	A_3	9.38	1.01	0.11	20.02
心理社会支持	A_4	9.16	1.09	0.12	19.53
老年人健康管理质量	A_5	9.35	0.89	0.10	19.94
合计					100.00

（2）二级指标权重

当指标综合评分小于 7 分时，剔除该指标。由于专家评分二级指标均为 8 分以上，故无剔除指标需要处理，27 个二级指标全部保留。组合权重 W＝一级指标综合权重×W_2。各指标的权重详见表 3-18。

表 3-18　二级指标权重

指标编码	重要性		可操作性		敏感性		组合权重/%
	$\overline{X}$	W_2	$\overline{X}$	W_2	$\overline{X}$	W_2	
$B_{1.1}$	9.67	1.48	9.31	1.46	9.31	0.79	3.72
$B_{1.2}$	9.64	1.47	9.36	1.46	9.36	0.80	3.73
$B_{1.3}$	9.64	1.47	9.39	1.47	9.44	0.80	3.74
$B_{1.4}$	9.31	1.42	9.53	1.49	9.22	0.79	3.70
$B_{1.5}$	9.53	1.45	9.42	1.47	9.28	0.79	3.72

表 3-18（续）

指标编码	重要性		可操作性		敏感性		组合权重/%
	$\overline{X}$	W_2	$\overline{X}$	W_2	$\overline{X}$	W_2	
$B_{1.6}$	9.64	1.47	9.39	1.47	9.31	0.79	3.73
$B_{1.7}$	9.5	1.45	9.28	1.45	9.25	0.79	3.69
$B_{1.8}$	9.67	1.48	9.42	1.47	9.11	0.78	3.72
$B_{1.9}$	9.81	1.50	9.42	1.47	9.44	0.80	3.77
$B_{1.10}$	9.78	1.49	9.39	1.47	9.28	0.79	3.75
$B_{1.11}$	9.69	1.48	9.28	1.45	9.47	0.81	3.74
$B_{1.12}$	9.53	1.45	9.14	1.43	9.22	0.79	3.67
$B_{1.13}$	9.31	1.42	9.25	1.45	8.94	0.76	3.63
$B_{2.1}$	9.86	1.51	9.72	1.52	9.31	0.79	3.82
$B_{2.2}$	9.14	1.40	9.17	1.43	8.92	0.76	3.59
$B_{2.3}$	9.86	1.51	9.42	1.47	9.53	0.81	3.79
$B_{3.1}$	9.56	1.46	9.33	1.46	9.11	0.78	3.69
$B_{3.2}$	9.44	1.44	9.06	1.42	9.14	0.78	3.64
$B_{4.1}$	9.47	1.45	9.53	1.49	9.14	0.78	3.71
$B_{4.2}$	9.28	1.42	9.17	1.43	9.19	0.78	3.63
$B_{4.3}$	9.17	1.40	9.06	1.42	8.83	0.75	3.57
$B_{5.1}$	9.83	1.50	9.17	1.43	9.39	0.80	3.73
$B_{5.2}$	9.83	1.50	9.33	1.46	9.33	0.79	3.75
$B_{5.3}$	9.56	1.46	9.36	1.46	9.25	0.79	3.71
$B_{5.4}$	9.67	1.48	9.19	1.44	9.14	0.78	3.69
$B_{5.5}$	9.75	1.49	9.28	1.45	9.39	0.80	3.74
$B_{5.6}$	9.22	1.41	9.14	1.43	9.17	0.78	3.62
合计	258.36	39.44	251.51	39.31	249.47	21.25	100.00

（3）三级指标权重

当三级指标综合评分小于 7 分时，剔除该指标。由于专家评分三级指标均为 8 分以上，故无剔除指标需要处理，73 个三级指标全部保留。组合权重 W＝一级指标综合权重×W_2。各指标的权重详见表 3-19。

表 3-19　三级指标权重

指标编码	重要性		可操作性		敏感性		组合权重/%
	$\overline{X}$	W_2	$\overline{X}$	W_2	$\overline{X}$	W_2	
$C_{1.1.1}$	9.5	0.53	9.39	0.53	9.25	0.28	1.34
$C_{1.1.2}$	9.5	0.53	9.39	0.53	9.25	0.29	1.34
$C_{1.2.1}$	9.83	0.55	9.47	0.53	9.53	0.29	1.37
$C_{1.2.2}$	9.83	0.55	9.72	0.55	9.42	0.29	1.39
$C_{1.3.1}$	9.61	0.53	9.39	0.53	9.44	0.29	1.36
$C_{1.4.1}$	9.53	0.53	9.56	0.54	9.53	0.29	1.36
$C_{1.5.1}$	9.78	0.54	9.64	0.54	9.53	0.29	1.38
$C_{1.5.2}$	9.81	0.55	9.33	0.53	9.42	0.29	1.36
$C_{1.6.1}$	9.69	0.54	9.5	0.54	9.72	0.30	1.37
$C_{1.6.2}$	9.69	0.54	9.39	0.53	9.69	0.30	1.37
$C_{1.7.1}$	9.81	0.55	9.47	0.53	9.5	0.29	1.37

表 3-19（续）

指标编码	重要性		可操作性		敏感性		组合权重/%
	$\overline{X}$	W_2	$\overline{X}$	W_2	$\overline{X}$	W_2	
$C_{1.7.2}$	9.75	0.54	9.53	0.54	9.61	0.30	1.38
$C_{1.8.1}$	9.78	0.54	9.53	0.54	9.53	0.29	1.38
$C_{1.8.2}$	9.86	0.55	9.36	0.53	9.53	0.29	1.37
$C_{1.9.1}$	9.81	0.55	9.44	0.53	9.44	0.29	1.37
$C_{1.10.1}$	9.81	0.55	9.22	0.52	9.31	0.29	1.35
$C_{1.11.1}$	9.81	0.55	9.31	0.53	9.36	0.29	1.36
$C_{1.12.1}$	9.75	0.54	9.64	0.54	9.5	0.29	1.38
$C_{1.12.2}$	9.72	0.54	9.28	0.52	9.14	0.28	1.35
$C_{1.12.3}$	9.61	0.53	9.19	0.52	9.11	0.28	1.33
$C_{1.12.4}$	9.69	0.54	9.25	0.52	9.44	0.29	1.35
$C_{1.12.5}$	9.69	0.54	9.25	0.52	9.33	0.29	1.35
$C_{1.13.1}$	9.64	0.54	9.28	0.52	9.14	0.28	1.34
$C_{2.1.1}$	9.72	0.54	9.72	0.55	9.58	0.30	1.38
$C_{2.1.2}$	9.75	0.54	9.75	0.55	9.53	0.29	1.39
$C_{2.1.3}$	9.64	0.54	9.64	0.54	9.39	0.29	1.37
$C_{2.1.4}$	9.75	0.54	9.81	0.55	9.53	0.29	1.39
$C_{2.1.5}$	9.69	0.54	9.69	0.55	9.53	0.29	1.38
$C_{2.1.6}$	9.72	0.54	9.64	0.54	9.25	0.29	1.37
$C_{2.1.7}$	9.72	0.54	9.75	0.55	9.5	0.29	1.38
$C_{2.1.8}$	9.78	0.54	9.78	0.55	9.42	0.29	1.39
$C_{2.1.9}$	9.78	0.54	9.78	0.55	9.5	0.29	1.39
$C_{2.1.10}$	9.78	0.54	9.72	0.55	9.58	0.30	1.39
$C_{2.1.11}$	9.67	0.54	9.75	0.55	9.58	0.30	1.38
$C_{2.1.12}$	9.08	0.50	9.25	0.52	9.19	0.28	1.31
$C_{2.1.13}$	9.83	0.55	9.75	0.55	9.61	0.30	1.39
$C_{2.1.14}$	9.83	0.55	9.67	0.55	9.58	0.30	1.39
$C_{2.1.15}$	9.86	0.55	9.69	0.55	9.56	0.29	1.39
$C_{2.1.16}$	9.81	0.55	9.61	0.54	9.53	0.29	1.38
$C_{2.1.17}$	9.75	0.54	9.64	0.54	9.56	0.29	1.38
$C_{2.1.18}$	9.83	0.55	9.86	0.56	9.72	0.30	1.40
$C_{2.1.19}$	9.86	0.55	9.83	0.55	9.67	0.30	1.40
$C_{2.1.20}$	9.42	0.52	9.56	0.54	9.31	0.29	1.35
$C_{2.1.21}$	9.81	0.55	9.81	0.55	9.5	0.29	1.39
$C_{2.1.22}$	9.86	0.55	9.83	0.55	9.58	0.30	1.40
$C_{2.1.23}$	9.78	0.54	9.78	0.55	9.58	0.30	1.39
$C_{2.1.24}$	9.81	0.55	9.72	0.55	9.64	0.30	1.39
$C_{2.1.25}$	9.86	0.55	9.78	0.55	9.69	0.30	1.40
$C_{2.1.26}$	9.86	0.55	9.75	0.55	9.67	0.30	1.40
$C_{2.1.27}$	9.82	0.55	9.81	0.55	9.64	0.30	1.40
$C_{2.1.28}$	9.81	0.55	9.86	0.56	9.64	0.30	1.40
$C_{2.1.29}$	9.83	0.55	9.78	0.55	9.64	0.30	1.40
$C_{2.1.30}$	9.61	0.53	9.67	0.55	9.53	0.29	1.37
$C_{2.2.1}$	9.58	0.53	9.44	0.53	9.22	0.28	1.35

表 3-19（续）

指标编码	重要性		可操作性		敏感性		组合权重/%
	$\overline{X}$	W_2	$\overline{X}$	W_2	$\overline{X}$	W_2	
$C_{2.3.1}$	9.69	0.54	9.56	0.54	9.53	0.29	1.37
$C_{3.1.1}$	9.69	0.54	9.53	0.54	9.39	0.29	1.37
$C_{3.1.2}$	9.58	0.53	9.33	0.53	9.28	0.29	1.35
$C_{3.1.3}$	9.47	0.53	9.53	0.54	9.19	0.28	1.35
$C_{3.1.4}$	9.81	0.55	9.67	0.55	9.5	0.29	1.38
$C_{3.1.5}$	9.86	0.55	9.69	0.55	9.42	0.29	1.39
$C_{3.1.6}$	9.89	0.55	9.67	0.55	9.44	0.29	1.39
$C_{3.1.7}$	9.78	0.54	9.53	0.54	9.39	0.29	1.37
$C_{3.1.8}$	9.81	0.55	9.47	0.53	9.39	0.29	1.37
$C_{3.2.1}$	9.69	0.54	9.42	0.53	9.25	0.29	1.36
$C_{4.1.1}$	9.64	0.54	9.42	0.53	9.22	0.28	1.35
$C_{4.2.1}$	9.44	0.52	9.06	0.51	9.08	0.28	1.32
$C_{4.3.1}$	9.47	0.53	9.25	0.52	9.11	0.28	1.33
$C_{5.1.1}$	9.78	0.54	9.28	0.52	9.53	0.29	1.36
$C_{5.2.1}$	9.83	0.55	9.56	0.54	9.33	0.29	1.37
$C_{5.3.1}$	9.67	0.54	9.33	0.53	9.25	0.29	1.35
$C_{5.4.1}$	9.64	0.54	9.28	0.52	9.11	0.28	1.34
$C_{5.5.1}$	9.64	0.54	9.44	0.53	9.44	0.29	1.36
$C_{5.6.1}$	9.39	0.52	9.31	0.53	9.17	0.28	1.33
合计	709.25	39.44	696.92	39.31	689.08	21.25	100.00

第一轮专家调研后，有 1 位专家建议在一级指标 A_1 管理结构规范性下面的二级指标里面最后增加 $B_{1.14}$ 组织架构的合理性；另有 1 位专家建议在一级指标 A_4 心理社会支持下属的 $B_{4.2}$ 社会支持下级的三级指标增加 $C_{4.2.2}$ 志愿者服务计划及执行率；另有 3 位专家建议将属于一级指标 A_2 基础服务质量的 $B_{2.1}$ 生活照料服务下级的 $C_{2.1.12}$ 护肤及面容修饰修改为 $C_{2.1.12}$ 面容修饰。第二轮 35 位专家调研就以上 3 项指标调研结果统计见表 3－20。

表 3－20　3 项专家建议指标结果

指标名称	编码	是		否	
		人数	占比/%	人数	占比/%
组织架构的合理性	$B_{1.14}$	2	5.71	33	94.29
面容修饰	$C_{2.1.12}$	30	85.71	5	14.29
志愿者服务计划及执行率	$C_{4.2.2}$	5	14.29	30	85.71

从表 3－20 结果看出，3 条建议，新增指标 $B_{1.14}$ 组织架构的合理性，33 位专家表示否定，占比 94.29%；针对指标 $C_{2.1.12}$ 护肤及面容修饰修改为 $C_{2.1.12}$ 面容修饰的建议，30 位专家表示同意，占比 85.71%；新增指标 $C_{4.2.2}$ 志愿者服务计划及执行率的建议，30 位专家表示否定，因相关指标已经涉及该指标内容，占比 85.71%。因此，根据调研结果，将不新增 $B_{1.14}$ 组织架构的合理性和 $C_{4.2.2}$ 志愿者服务计划及执行率，而指标 $C_{2.1.12}$ 护肤及面容修饰则接受建议，修改为 $C_{2.1.12}$ 面容修饰。其他指标第二轮调研结果与第一轮调研结果无差异。

3.2.1.10 综合评价指标的建立

本研究采用综合评分法构建基于长期照护养老机构服务质量综合评价指标，以加权总分作为综合指标，进行服务质量的评价。将以确定的指标均设为100分，指标赋值按照4档进行分类，总得分90分以上者为优秀，70～89分为良好，60～69分为合格，60分以下为不合格。高优指标得分越高说明评价越高，低优指标的得分越高评价越低。总得分（S）的计算公式见公式（3-7）。

$$S=\sum_{i=1}^{n}W_iS_i \tag{3-7}$$

公式中，W_i 为各指标的权重，S_i 为各指标的得分。

最终建立的评价指标包括：5个一级指标、27个二级指标和73个三级指标。对评估结果，按照4档赋值进行分类。

3.2.2 长期照护服务质量综合评价指标体系实证研究

本次研究采用多阶段整群随机抽样的方法，随机抽取了湖南省9个城区和10个乡镇的所有为老年人提供长期照护服务的41家养老机构进行调查，获得第一手资料，以构建的养老机构长期照护服务质量综合评价指标体系进行实证研究，采用加权TOPSIS法和加权秩和比法对城市29家养老机构和农村12家养老机构的长期照护服务质量分别进行综合评价。

3.2.2.1 实证研究对象的指标评价结果

（1）管理结构规范性（A_1）

城市和农村养老机构在环境设置与布局、资质及制度建设、长期照护服务目标、员工手册、职责界定明确性、设施设备管理与维护、财务制度执行规范性、服务质量控制和持续改善机制、服务技术操作常规、长期照护流程规范性、风险控制措施和经济合理性等差异有统计学意义（*P* 值表示双侧概率，显著性水平 $\alpha=0.05$），城市明显优于农村，而人力资源管理方面城市与农村养老机构差异不明显，仅在职称晋升及考核标准方面城市优于农村，结果见表3-21。

表3-21 城市和农村养老机构管理结构规范性评价得分比较结果

二级指标	三级指标	城市（$n=29$）	农村（$n=12$）	t 或 t'	P
环境设置与布局（$B_{1.1}$）	环境设置规范性（$C_{1.1.1}$）	89.62±10.01	81.08±14.43	1.871*	0.080
	适老化布局规范性（$C_{1.1.2}$）	88.83±10.80	75.75±14.54	3.082	0.003
资质及制度建设（$B_{1.2}$）	许可证办理情况（$C_{1.2.1}$）	89.86±10.94	75.92±13.37	3.480	0.001
	制度完善性（$C_{1.2.2}$）	89.00±10.75	73.17±14.61	3.855	<0.001
长期照护服务目标（$B_{1.3}$）	目标明确性（$C_{1.3.1}$）	87.66±11.46	79.42±13.51	1.988	0.054
员工手册（$B_{1.4}$）	员工手册完善性（$C_{1.4.1}$）	88.17±11.71	73.50±12.12	3.614	0.001

表 3－21（续）

二级指标	三级指标	城市（n=29）	农村（n=12）	t 或 t'	P
职责界定（$B_{1.5}$）	职责界定明确性（$C_{1.5.1}$）	87.62±11.28	75.50±12.78	3.012	0.005
	员工执行率（$C_{1.5.2}$）	86.62±8.39	89.92±4.56	－1.615*	0.115
设施设备管理与维护（$B_{1.6}$）	登记在册（$C_{1.6.1}$）	87.79±11.60	73.92±12.77	3.385	0.002
	清洁维护及时性（$C_{1.6.2}$）	86.55±12.43	75.83±14.78	2.377	0.022
财务管理（$B_{1.7}$）	制度执行规范性（$C_{1.7.1}$）	88.45±11.34	74.83±13.87	3.275	0.002
	差错率（$C_{1.7.2}$）	72.86±9.27	72.42±6.60	0.151	0.881
服务质量控制和持续改善机制（$B_{1.8}$）	质量控制小组（$C_{1.8.1}$）	87.10±11.89	74.83±13.66	2.879	0.006
	员工执行率（$C_{1.8.2}$）	90.48±7.25	84.83±9.93	2.033	0.049
服务技术操作常规（$B_{1.9}$）	科学规范性（$C_{1.9.1}$）	87.45±11.64	74.58±14.04	3.031	0.004
长期照护服务流程（$B_{1.10}$）	流程规范性（$C_{1.10.1}$）	87.62±12.94	75.00±14.59	2.738	0.009
风险的控制（$B_{1.11}$）	控制措施情况（$C_{1.11.1}$）	86.55±12.61	76.42±14.93	2.219	0.032
人力资源管理（$B_{1.12}$）	技术服务人员职业资格情况（$C_{1.12.1}$）	64.48±28.86	58.3332.98	0.596	0.555
	服务人员与服务对象比（$C_{1.12.2}$）	60.00±0.00	60.00±0.00	—	1.000
	继续教育情况（$C_{1.12.3}$）	87.24±21.03	77.50±30.49	1.012*	0.327
	人才梯队建设情况（$C_{1.12.4}$）	93.72±4.60	95.17±3.74	－0.961	0.342
	职称晋升及考核标准（$C_{1.12.5}$）	86.21±12.51	72.50±11.33	3.277	0.002
经济方面（$B_{1.13}$）	合理性（$C_{1.13.1}$）	87.93±10.79	75.08±14.33	2.795*	0.013

注：* 为 t' 值。

（2）基础服务质量（A_2）

在生活照料服务方面，城市养老机构评价得分明显优于农村，而在咨询服务和安全保护服务方面城市和农村评价得分差异无统计学意义（P 值表示双侧概率，显著性水平 α=0.05），结果见表 3－22。

表 3－22　城市和农村养老机构基础服务质量评价得分比较结果

二级指标	三级指标	城市（n=29）	农村（n=12）	t 或 t'	P
生活照料服务（$B_{2.1}$）	协助穿/更换衣及整理衣服（$C_{2.1.1}$）	89.90±10.60	75.50±12.72	3.212	0.003
	洗脸、洗手/脚（$C_{2.1.2}$）	88.52±10.71	77.58±14.37	2.377*	0.030
	刷牙（$C_{2.1.3}$）	85.48±10.53	75.00±12.67	2.733	0.009
	漱口（$C_{2.1.4}$）	87.03±10.46	74.92±13.65	3.083	0.004
	梳头（$C_{2.1.5}$）	87.03±10.46	74.92±13.65	3.083	0.004
	洗头（$C_{2.1.6}$）	87.03±10.46	74.92±13.65	3.083	0.004

表 3-22（续）

二级指标	三级指标	城市（n=29）	农村（n=12）	t 或 t'	P
生活照料服务（$B_{2.1}$）	理发（$C_{2.1.7}$）	87.03±10.46	74.92±13.65	3.083	0.004
	修剪指甲（$C_{2.1.8}$）	87.03±10.46	74.92±13.65	3.083	0.004
	剃须（$C_{2.1.9}$）	87.03±10.46	74.92±13.65	3.083	0.004
	清洁口腔（$C_{2.1.10}$）	87.03±10.46	74.92±13.65	3.083	0.004
	清理和装卸假牙（$C_{2.1.11}$）	87.03±10.46	74.92±13.65	3.083	0.004
	面容修饰（$C_{2.1.12}$）	87.03±10.46	74.92±13.65	3.083	0.004
	提供合理饮食（$C_{2.1.13}$）	87.03±10.46	74.92±13.65	3.083	0.004
	协助进食（$C_{2.1.14}$）	87.03±10.46	74.92±13.65	3.083	0.004
	协助饮水（$C_{2.1.15}$）	87.03±10.46	74.92±13.65	3.083	0.004
	管饲营养（$C_{2.1.16}$）	87.03±10.46	74.92±13.65	3.083	0.004
	提醒入厕（$C_{2.1.17}$）	87.03±10.46	74.92±13.65	3.083	0.004
	协助排尿（$C_{2.1.18}$）	87.03±10.46	74.92±13.65	3.083	0.004
	协助排便（$C_{2.1.19}$）	87.03±10.46	74.92±13.65	3.083	0.004
	人工排便（$C_{2.1.20}$）	87.03±10.46	74.92±13.65	3.083	0.004
	更换及清洗尿布（$C_{2.1.21}$）	87.03±10.46	74.92±13.65	3.083	0.004
	清洗会阴（$C_{2.1.22}$）	87.03±10.46	74.92±13.65	3.083	0.004
	擦浴（$C_{2.1.23}$）	87.03±10.46	74.92±13.65	3.083	0.004
	协助沐浴（$C_{2.1.24}$）	87.03±10.46	74.92±13.65	3.083	0.004
	翻身更换卧位（$C_{2.1.25}$）	87.03±10.46	74.92±13.65	3.083	0.004
	保持皮肤干爽清洁（$C_{2.1.26}$）	87.03±10.46	74.92±13.65	3.083	0.004
	环境清洁（$C_{2.1.27}$）	87.03±10.46	74.92±13.65	3.083	0.004
	居室清洁（$C_{2.1.28}$）	87.55±10.79	74.92±13.65	3.155	0.003
	床单位清洁（$C_{2.1.29}$）	87.48±10.73	74.92±13.65	3.148	0.003
	洗衣物（$C_{2.1.30}$）	87.31±10.65	74.92±13.65	3.120	0.003
咨询服务（$B_{2.2}$）	服务计划及执行率（$C_{2.2.1}$）	87.93±9.78	82.08±14.38	1.291*	0.216
安全保护服务（$B_{2.3}$）	服务计划及执行率（$C_{2.3.1}$）	91.45±8.37	84.42±12.12	1.837*	0.085

注：*为 t' 值。

（3）医疗服务（A_3）

从医疗服务方面看，在预防与保健方面城市评价得分明显优于农村，其他指标方面城市与农村养老机构差异无统计学意义（P 值表示双侧概率，显著性水平 α=0.05），结果见表 3-23。

表 3-23　城市和农村养老机构医疗服务评价得分比较结果

二级指标	三级指标	城市（n=29）	农村（n=12）	t 或 t'	P
医疗护理保健服务（$B_{3.1}$）	预防与保健（$C_{3.1.1}$）	77.03±10.46	64.92±13.65	3.083	0.004
	康复（$C_{3.1.2}$）	79.31±10.67	72.08±14.38	1.780	0.083
	基本治疗（$C_{3.1.3}$）	82.48± 8.75	75.25±12.86	1.785*	0.094
	管道护理（$C_{3.1.4}$）	71.28±14.11	62.67±12.33	1.840	0.073
	给药护理（$C_{3.1.5}$）	71.28±14.11	62.67±12.33	1.840	0.073
	换药（$C_{3.1.6}$）	71.28±14.11	62.67±12.33	1.840	0.073
	健康教育（$C_{3.1.7}$）	71.28±14.11	62.67±12.33	1.840	0.073
	感染控制（$C_{3.1.8}$）	71.28±14.11	62.67±12.33	1.840	0.073
应急救助（$B_{3.2}$）	制度及执行率（$C_{3.2.1}$）	75.45±10.38	72.58±12.11	0.766	0.448

注：*为 t' 值。

(4) 心理社会支持（A_4）

从心理社会支持方面看，各项指标评价得分城市与农村养老机构差异无统计学意义（$P \geqslant 0.05$），结果见表 3 - 24。

表 3 - 24 城市和农村养老机构心理社会支持评价得分比较结果

二级指标	三级指标	城市（$n=29$）	农村（$n=12$）	t	P
心理支持（$B_{4.1}$）	服务计划及执行率（$C_{4.1.1}$）	86.00±11.71	81.67±10.30	1.114	0.272
社会支持（$B_{4.2}$）	服务计划及执行率（$C_{4.2.1}$）	87.45±11.07	82.50± 8.92	1.372	0.178
文化娱乐服务（$B_{4.3}$）	服务计划及执行率（$C_{4.3.1}$）	89.41±13.00	80.42±13.22	2.006	0.052

(5) 老年人健康管理质量（A_5）

老年人健康管理质量研究结果显示，健康管理档案建立完善情况得分相对较高，各项指标评价得分城市与农村养老机构差异无统计学意义（P 值表示双侧概率，显著性水平 $\alpha=0.05$），结果见表 3 - 25。

表 3 - 25 城市和农村养老机构老年人健康管理质量评价得分比较结果

二级指标	三级指标	城市（$n=29$）	农村（$n=12$）	t 或 t'	P
老人意外发生水平（$B_{5.1}$）	老人意外发生率（$C_{5.1.1}$）	89.17±5.98	89.67±6.29	-0.237	0.814
老人压疮发生水平（$B_{5.2}$）	老人压疮发生率（$C_{5.2.1}$）	85.31±9.09	82.08±10.97	0.974	0.336
老人疾病复发水平（$B_{5.3}$）	老人疾病复发率（$C_{5.3.1}$）	93.00±3.13	90.33±4.91	1.742*	0.102
老人满意度评价（$B_{5.4}$）	老人满意度（$C_{5.4.1}$）	86.41±10.05	86.50±10.58	-0.025	0.980
老人亲属满意度评价（$B_{5.5}$）	老人亲属满意度（$C_{5.5.1}$）	87.76±9.68	87.50±7.54	0.083	0.935
健康管理档案情况（$B_{5.6}$）	档案建立完善情况（$C_{5.6.1}$）	97.93±5.59	99.71±2.89	-0.729	0.474

注：* 为 t' 值，老人意外发生水平、老人压疮发生水平和老人疾病复发水平为负性赋值，详见本章综合评价指标的赋值。

3.2.2.2 加权 TOPSIS 法综合评价

(1) 指标同趋势化原则

本研究将所有指标按 100 分制评分，评分越高表示质量越优，低优指标也通过赋值评分通过转化为高优指标。本研究中服务人员与服务对象比（$C_{1.12.2}$）、老人意外发生率（$C_{5.1.1}$）、老人压疮发生率（$C_{5.2.1}$）、老人疾病复发率（$C_{5.3.1}$）为低优指标，其余均为高优指标。

(2) 指标同趋势化、归一化处理

对同趋势化后的高优指标数据矩阵的每一个元素再进行归一化处理，得出经归一化处理后的矩阵 **Z**。见表 3 - 26。

表 3-26 长期照护服务质量综合评价指标同趋势化归一化 Z 矩阵表

指标	机构 1	机构 2	机构 3	机构 4	机构 5	机构 6	机构 7	机构 8	机构 9	机构 10	机构 11	机构 12	机构 13	机构 14
z1	0.0023	0.0023	0.0021	0.0021	0.0023	0.0021	0.0020	0.0021	0.0023	0.0023	0.0023	0.0023	0.0023	0.0023
z2	0.0024	0.0024	0.0021	0.0021	0.0024	0.0019	0.0018	0.0019	0.0024	0.0023	0.0023	0.0017	0.0017	0.0024
z3	0.0024	0.0024	0.0021	0.0021	0.0024	0.0021	0.0021	0.0022	0.0024	0.0023	0.0024	0.0016	0.0017	0.0024
z4	0.0024	0.0024	0.0022	0.0022	0.0025	0.0022	0.0022	0.0022	0.0025	0.0022	0.0024	0.0017	0.0017	0.0025
z5	0.0024	0.0021	0.0021	0.0021	0.0020	0.0021	0.0021	0.0021	0.0024	0.0024	0.0024	0.0017	0.0016	0.0024
z6	0.0024	0.0022	0.0022	0.0022	0.0025	0.0022	0.0022	0.0022	0.0025	0.0024	0.0024	0.0017	0.0017	0.0017
z7	0.0023	0.0022	0.0021	0.0022	0.0024	0.0022	0.0022	0.0021	0.0025	0.0024	0.0024	0.0017	0.0017	0.0025
z8	0.0022	0.0021	0.0023	0.0022	0.0017	0.0019	0.0022	0.0017	0.0017	0.0019	0.0022	0.0022	0.0023	0.0022
z9	0.0025	0.0022	0.0022	0.0025	0.0023	0.0022	0.0021	0.0021	0.0025	0.0024	0.0025	0.0017	0.0017	0.0024
z10	0.0025	0.0020	0.0020	0.0025	0.0024	0.0020	0.0020	0.0019	0.0025	0.0024	0.0024	0.0023	0.0017	0.0025
z11	0.0024	0.0022	0.0020	0.0024	0.0024	0.0022	0.0021	0.0021	0.0025	0.0024	0.0024	0.0016	0.0017	0.0025
z12	0.0026	0.0023	0.0023	0.0022	0.0023	0.0026	0.0026	0.0026	0.0025	0.0025	0.0023	0.0023	0.0023	0.0023
z13	0.0025	0.0023	0.0022	0.0024	0.0025	0.0020	0.0020	0.0022	0.0024	0.0022	0.0024	0.0018	0.0017	0.0025
z14	0.0024	0.0022	0.0019	0.0022	0.0017	0.0019	0.0022	0.0021	0.0021	0.0023	0.0024	0.0023	0.0019	0.0017
z15	0.0024	0.0022	0.0024	0.0024	0.0025	0.0022	0.0022	0.0021	0.0024	0.0021	0.0024	0.0017	0.0017	0.0024
z16	0.0024	0.0021	0.0024	0.0025	0.0025	0.0022	0.0021	0.0022	0.0024	0.0024	0.0025	0.0022	0.0016	0.0024
z17	0.0025	0.0020	0.0025	0.0024	0.0024	0.0022	0.0020	0.0020	0.0025	0.0022	0.0025	0.0022	0.0016	0.0025
z18	0.0028	0.0028	0.0000	0.0028	0.0022	0.0028	0.0025	0.0028	0.0028	0.0028	0.0022	0.0025	0.0025	0.0028
z19	0.0021	0.0021	0.0021	0.0021	0.0021	0.0021	0.0021	0.0021	0.0021	0.0021	0.0021	0.0021	0.0021	0.0021
z20	0.0024	0.0024	0.0012	0.0024	0.0024	0.0024	0.0024	0.0024	0.0024	0.0024	0.0024	0.0024	0.0024	0.0024
z21	0.0022	0.0022	0.0019	0.0022	0.0022	0.0021	0.0021	0.0021	0.0021	0.0021	0.0020	0.0020	0.0022	0.0021
z22	0.0025	0.0022	0.0025	0.0024	0.0023	0.0023	0.0022	0.0022	0.0023	0.0019	0.0025	0.0020	0.0015	0.0023
z23	0.0022	0.0021	0.0024	0.0024	0.0024	0.0021	0.0022	0.0020	0.0023	0.0023	0.0024	0.0020	0.0015	0.0022
z24	0.0025	0.0025	0.0023	0.0025	0.0024	0.0022	0.0022	0.0021	0.0025	0.0024	0.0024	0.0022	0.0017	0.0023
z25	0.0025	0.0025	0.0025	0.0023	0.0024	0.0022	0.0022	0.0021	0.0025	0.0024	0.0023	0.0022	0.0019	0.0025
z26	0.0023	0.0023	0.0023	0.0023	0.0023	0.0021	0.0021	0.0021	0.0024	0.0024	0.0024	0.0023	0.0017	0.0023
z27	0.0023	0.0023	0.0023	0.0023	0.0023	0.0021	0.0021	0.0021	0.0025	0.0025	0.0025	0.0021	0.0015	0.0023
z28	0.0023	0.0023	0.0023	0.0023	0.0023	0.0020	0.0020	0.0020	0.0025	0.0025	0.0025	0.0020	0.0015	0.0023
z29	0.0023	0.0023	0.0023	0.0023	0.0023	0.0020	0.0020	0.0020	0.0025	0.0025	0.0025	0.0020	0.0015	0.0023
z30	0.0023	0.0023	0.0023	0.0023	0.0023	0.0020	0.0020	0.0020	0.0025	0.0025	0.0025	0.0020	0.0015	0.0023
z31	0.0023	0.0023	0.0023	0.0023	0.0023	0.0021	0.0021	0.0021	0.0025	0.0025	0.0025	0.0021	0.0015	0.0023
z32	0.0023	0.0023	0.0023	0.0023	0.0023	0.0021	0.0021	0.0021	0.0025	0.0025	0.0025	0.0021	0.0015	0.0023
z33	0.0023	0.0023	0.0023	0.0023	0.0023	0.0021	0.0021	0.0021	0.0025	0.0025	0.0025	0.0021	0.0015	0.0023
z34	0.0023	0.0023	0.0023	0.0023	0.0023	0.0020	0.0020	0.0020	0.0025	0.0025	0.0025	0.0020	0.0015	0.0023
z35	0.0022	0.0022	0.0022	0.0022	0.0022	0.0019	0.0019	0.0019	0.0024	0.0024	0.0024	0.0019	0.0015	0.0022
z36	0.0023	0.0023	0.0023	0.0023	0.0023	0.0021	0.0021	0.0021	0.0025	0.0025	0.0025	0.0021	0.0015	0.0023
z37	0.0023	0.0023	0.0023	0.0023	0.0023	0.0021	0.0021	0.0021	0.0025	0.0025	0.0025	0.0021	0.0015	0.0023

表 3 - 26（续）

指标	机构 15	机构 16	机构 17	机构 18	机构 19	机构 20	机构 21	机构 22	机构 23	机构 24	机构 25	机构 26	机构 27	机构 28
z1	0.0023	0.0023	0.0016	0.0016	0.0023	0.0020	0.0020	0.0023	0.0023	0.0022	0.0022	0.0016	0.0021	0.0016
z2	0.0024	0.0024	0.0016	0.0017	0.0024	0.0023	0.0021	0.0023	0.0023	0.0023	0.0023	0.0017	0.0021	0.0016
z3	0.0023	0.0024	0.0016	0.0017	0.0024	0.0024	0.0025	0.0024	0.0021	0.0024	0.0024	0.0017	0.0021	0.0017
z4	0.0025	0.0025	0.0017	0.0017	0.0025	0.0024	0.0022	0.0025	0.0025	0.0024	0.0023	0.0016	0.0017	0.0016
z5	0.0024	0.0024	0.0017	0.0017	0.0021	0.0024	0.0016	0.0024	0.0024	0.0023	0.0024	0.0017	0.0020	0.0023
z6	0.0025	0.0024	0.0016	0.0016	0.0022	0.0024	0.0016	0.0024	0.0024	0.0025	0.0025	0.0017	0.0022	0.0017
z7	0.0025	0.0024	0.0017	0.0017	0.0020	0.0025	0.0017	0.0024	0.0025	0.0024	0.0024	0.0017	0.0020	0.0017
z8	0.0019	0.0021	0.0022	0.0022	0.0022	0.0019	0.0017	0.0022	0.0019	0.0023	0.0023	0.0022	0.0022	0.0022
z9	0.0023	0.0023	0.0017	0.0017	0.0022	0.0025	0.0017	0.0025	0.0021	0.0023	0.0023	0.0016	0.0020	0.0017
z10	0.0024	0.0024	0.0017	0.0016	0.0020	0.0025	0.0017	0.0025	0.0025	0.0024	0.0024	0.0017	0.0020	0.0016
z11	0.0024	0.0023	0.0017	0.0017	0.0025	0.0024	0.0017	0.0025	0.0025	0.0024	0.0024	0.0019	0.0022	0.0017
z12	0.0023	0.0020	0.0023	0.0020	0.0019	0.0023	0.0019	0.0019	0.0019	0.0019	0.0019	0.0023	0.0023	0.0019
z13	0.0024	0.0024	0.0017	0.0017	0.0022	0.0025	0.0017	0.0025	0.0024	0.0024	0.0024	0.0017	0.0020	0.0017
z14	0.0021	0.0022	0.0021	0.0022	0.0024	0.0023	0.0023	0.0024	0.0023	0.0022	0.0021	0.0020	0.0018	0.0017
z15	0.0024	0.0024	0.0017	0.0017	0.0020	0.0025	0.0017	0.0024	0.0024	0.0024	0.0025	0.0017	0.0022	0.0016
z16	0.0023	0.0023	0.0016	0.0016	0.0016	0.0024	0.0016	0.0024	0.0024	0.0024	0.0024	0.0017	0.0022	0.0016
z17	0.0024	0.0024	0.0016	0.0016	0.0016	0.0025	0.0017	0.0025	0.0023	0.0024	0.0024	0.0017	0.0022	0.0017
z18	0.0003	0.0028	0.0009	0.0000	0.0000	0.0022	0.0009	0.0019	0.0025	0.0019	0.0016	0.0016	0.0003	0.0009
z19	0.0021	0.0021	0.0021	0.0021	0.0021	0.0021	0.0021	0.0021	0.0021	0.0021	0.0021	0.0021	0.0021	0.0021
z20	0.0007	0.0024	0.0012	0.0014	0.0014	0.0021	0.0017	0.0007	0.0021	0.0019	0.0024	0.0024	0.0024	0.0017
z21	0.0020	0.0022	0.0022	0.0020	0.0020	0.0021	0.0021	0.0019	0.0021	0.0021	0.0020	0.0020	0.0022	0.0022
z22	0.0023	0.0023	0.0017	0.0016	0.0017	0.0022	0.0017	0.0023	0.0025	0.0025	0.0025	0.0017	0.0017	0.0017
z23	0.0024	0.0024	0.0016	0.0016	0.0021	0.0019	0.0019	0.0024	0.0024	0.0023	0.0023	0.0016	0.0021	0.0016
z24	0.0023	0.0025	0.0017	0.0017	0.0020	0.0025	0.0020	0.0023	0.0024	0.0024	0.0024	0.0016	0.0020	0.0016
z25	0.0024	0.0025	0.0017	0.0017	0.0020	0.0023	0.0022	0.0023	0.0025	0.0025	0.0025	0.0017	0.0022	0.0017
z26	0.0023	0.0023	0.0017	0.0017	0.0022	0.0025	0.0021	0.0023	0.0023	0.0023	0.0023	0.0017	0.0022	0.0017
z27	0.0025	0.0025	0.0017	0.0017	0.0020	0.0023	0.0021	0.0023	0.0023	0.0025	0.0025	0.0017	0.0020	0.0017
z28	0.0025	0.0025	0.0017	0.0017	0.0020	0.0023	0.0020	0.0023	0.0023	0.0025	0.0025	0.0017	0.0020	0.0017
z29	0.0025	0.0025	0.0017	0.0017	0.0020	0.0023	0.0020	0.0023	0.0023	0.0025	0.0025	0.0017	0.0020	0.0017
z30	0.0025	0.0025	0.0017	0.0017	0.0020	0.0023	0.0020	0.0023	0.0023	0.0025	0.0025	0.0017	0.0020	0.0017
z31	0.0025	0.0025	0.0017	0.0017	0.0020	0.0023	0.0021	0.0023	0.0023	0.0025	0.0025	0.0017	0.0020	0.0017
z32	0.0025	0.0025	0.0017	0.0017	0.0020	0.0023	0.0021	0.0023	0.0023	0.0025	0.0025	0.0017	0.0020	0.0017
z33	0.0025	0.0025	0.0017	0.0017	0.0020	0.0023	0.0021	0.0023	0.0023	0.0025	0.0025	0.0017	0.0020	0.0017
z34	0.0025	0.0025	0.0017	0.0017	0.0020	0.0023	0.0020	0.0023	0.0023	0.0025	0.0025	0.0017	0.0020	0.0017
z35	0.0024	0.0024	0.0016	0.0016	0.0019	0.0022	0.0019	0.0022	0.0022	0.0024	0.0024	0.0016	0.0019	0.0016
z36	0.0025	0.0025	0.0017	0.0017	0.0020	0.0023	0.0021	0.0023	0.0023	0.0025	0.0025	0.0017	0.0020	0.0017
z37	0.0025	0.0025	0.0017	0.0017	0.0020	0.0023	0.0021	0.0023	0.0023	0.0025	0.0025	0.0017	0.0020	0.0017

表 3-26（续）

指标	机构 29	机构 30	机构 31	机构 32	机构 33	机构 34	机构 35	机构 36	机构 37	机构 38	机构 39	机构 40	机构 41
z1	0.0016	0.0016	0.0023	0.0023	0.0016	0.0021	0.0023	0.0021	0.0016	0.0023	0.0023	0.0016	0.0016
z2	0.0016	0.0015	0.0024	0.0023	0.0017	0.0021	0.0024	0.0021	0.0017	0.0024	0.0023	0.0017	0.0016
z3	0.0017	0.0017	0.0024	0.0024	0.0016	0.0021	0.0023	0.0021	0.0016	0.0024	0.0024	0.0017	0.0017
z4	0.0016	0.0017	0.0025	0.0025	0.0017	0.0021	0.0025	0.0022	0.0017	0.0025	0.0024	0.0017	0.0016
z5	0.0017	0.0020	0.0024	0.0023	0.0015	0.0021	0.0024	0.0021	0.0017	0.0024	0.0024	0.0017	0.0017
z6	0.0017	0.0017	0.0025	0.0024	0.0017	0.0022	0.0025	0.0022	0.0017	0.0025	0.0024	0.0017	0.0016
z7	0.0017	0.0017	0.0025	0.0025	0.0016	0.0023	0.0025	0.0022	0.0017	0.0025	0.0024	0.0017	0.0017
z8	0.0021	0.0021	0.0021	0.0021	0.0023	0.0023	0.0023	0.0023	0.0022	0.0022	0.0020	0.0023	0.0022
z9	0.0017	0.0016	0.0025	0.0024	0.0017	0.0022	0.0025	0.0020	0.0016	0.0025	0.0024	0.0016	0.0016
z10	0.0016	0.0016	0.0025	0.0024	0.0016	0.0020	0.0025	0.0022	0.0017	0.0025	0.0025	0.0017	0.0016
z11	0.0016	0.0016	0.0025	0.0025	0.0017	0.0019	0.0024	0.0020	0.0017	0.0025	0.0024	0.0016	0.0016
z12	0.0019	0.0019	0.0019	0.0018	0.0019	0.0019	0.0019	0.0019	0.0020	0.0020	0.0020	0.0020	0.0020
z13	0.0016	0.0017	0.0025	0.0024	0.0017	0.0022	0.0024	0.0020	0.0016	0.0024	0.0025	0.0017	0.0017
z14	0.0019	0.0020	0.0023	0.0024	0.0021	0.0021	0.0019	0.0020	0.0023	0.0022	0.0024	0.0024	0.0023
z15	0.0016	0.0016	0.0024	0.0024	0.0017	0.0020	0.0025	0.0020	0.0016	0.0025	0.0024	0.0017	0.0016
z16	0.0016	0.0016	0.0024	0.0024	0.0016	0.0018	0.0023	0.0022	0.0016	0.0023	0.0022	0.0015	0.0016
z17	0.0016	0.0016	0.0025	0.0023	0.0016	0.0022	0.0025	0.0022	0.0016	0.0024	0.0023	0.0016	0.0016
z18	0.0025	0.0025	0.0025	0.0025	0.0009	0.0025	0.0009	0.0025	0.0025	0.0025	0.0025	0.0028	0.0009
z19	0.0021	0.0021	0.0021	0.0021	0.0021	0.0021	0.0021	0.0021	0.0021	0.0021	0.0021	0.0021	0.0021
z20	0.0014	0.0024	0.0024	0.0024	0.0024	0.0012	0.0024	0.0012	0.0024	0.0024	0.0024	0.0024	0.0005
z21	0.0022	0.0022	0.0021	0.0022	0.0022	0.0020	0.0022	0.0018	0.0022	0.0021	0.0021	0.0021	0.0020
z22	0.0016	0.0016	0.0025	0.0025	0.0015	0.0022	0.0025	0.0022	0.0016	0.0023	0.0023	0.0017	0.0017
z23	0.0016	0.0016	0.0022	0.0022	0.0016	0.0021	0.0024	0.0021	0.0016	0.0024	0.0024	0.0016	0.0016
z24	0.0016	0.0016	0.0023	0.0025	0.0017	0.0022	0.0025	0.0021	0.0017	0.0023	0.0023	0.0017	0.0017
z25	0.0016	0.0016	0.0023	0.0025	0.0017	0.0020	0.0024	0.0021	0.0017	0.0024	0.0024	0.0016	0.0016
z26	0.0017	0.0017	0.0023	0.0025	0.0017	0.0020	0.0023	0.0021	0.0015	0.0025	0.0023	0.0015	0.0017
z27	0.0017	0.0017	0.0025	0.0023	0.0017	0.0022	0.0025	0.0022	0.0017	0.0025	0.0023	0.0017	0.0017
z28	0.0017	0.0017	0.0025	0.0023	0.0017	0.0022	0.0025	0.0022	0.0017	0.0025	0.0023	0.0017	0.0017
z29	0.0016	0.0016	0.0025	0.0023	0.0017	0.0022	0.0025	0.0022	0.0016	0.0025	0.0023	0.0017	0.0017
z30	0.0017	0.0017	0.0025	0.0023	0.0017	0.0022	0.0025	0.0022	0.0017	0.0025	0.0023	0.0017	0.0017
z31	0.0017	0.0017	0.0025	0.0023	0.0017	0.0022	0.0025	0.0022	0.0017	0.0025	0.0023	0.0017	0.0017
z32	0.0017	0.0017	0.0025	0.0023	0.0017	0.0022	0.0025	0.0022	0.0017	0.0025	0.0023	0.0017	0.0017
z33	0.0017	0.0017	0.0025	0.0023	0.0017	0.0022	0.0025	0.0022	0.0017	0.0025	0.0023	0.0017	0.0017
z34	0.0017	0.0017	0.0025	0.0023	0.0017	0.0022	0.0025	0.0022	0.0017	0.0025	0.0023	0.0017	0.0017
z35	0.0016	0.0016	0.0024	0.0022	0.0016	0.0021	0.0024	0.0021	0.0016	0.0024	0.0022	0.0016	0.0016
z36	0.0017	0.0017	0.0025	0.0023	0.0017	0.0022	0.0025	0.0022	0.0017	0.0025	0.0023	0.0017	0.0017
z37	0.0017	0.0017	0.0025	0.0023	0.0017	0.0022	0.0025	0.0022	0.0017	0.0025	0.0023	0.0017	0.0017

表 3-26（续）

指标	机构 1	机构 2	机构 3	机构 4	机构 5	机构 6	机构 7	机构 8	机构 9	机构 10	机构 11	机构 12	机构 13	机构 14
z38	0.0023	0.0023	0.0023	0.0023	0.0023	0.0021	0.0021	0.0021	0.0025	0.0025	0.0025	0.0021	0.0015	0.0023
z39	0.0023	0.0023	0.0023	0.0023	0.0023	0.0020	0.0020	0.0020	0.0025	0.0025	0.0025	0.0020	0.0015	0.0023
z40	0.0023	0.0023	0.0023	0.0023	0.0023	0.0020	0.0020	0.0020	0.0025	0.0025	0.0025	0.0020	0.0015	0.0023
z41	0.0023	0.0023	0.0023	0.0023	0.0023	0.0021	0.0021	0.0021	0.0025	0.0025	0.0025	0.0021	0.0016	0.0023
z42	0.0023	0.0023	0.0023	0.0023	0.0023	0.0021	0.0021	0.0021	0.0025	0.0025	0.0025	0.0021	0.0016	0.0023
z43	0.0022	0.0022	0.0022	0.0022	0.0022	0.0020	0.0020	0.0020	0.0024	0.0024	0.0024	0.0020	0.0015	0.0022
z44	0.0023	0.0023	0.0023	0.0023	0.0023	0.0021	0.0021	0.0021	0.0025	0.0025	0.0025	0.0021	0.0015	0.0023
z45	0.0023	0.0023	0.0023	0.0023	0.0023	0.0021	0.0021	0.0021	0.0025	0.0025	0.0025	0.0021	0.0016	0.0023
z46	0.0023	0.0023	0.0023	0.0023	0.0023	0.0021	0.0021	0.0021	0.0025	0.0025	0.0025	0.0021	0.0015	0.0023
z47	0.0023	0.0023	0.0023	0.0023	0.0023	0.0021	0.0021	0.0021	0.0025	0.0025	0.0025	0.0021	0.0015	0.0023
z48	0.0023	0.0023	0.0023	0.0023	0.0023	0.0021	0.0021	0.0021	0.0025	0.0025	0.0025	0.0021	0.0016	0.0023
z49	0.0023	0.0023	0.0023	0.0023	0.0023	0.0021	0.0021	0.0021	0.0025	0.0025	0.0025	0.0021	0.0016	0.0023
z50	0.0023	0.0023	0.0023	0.0023	0.0023	0.0021	0.0021	0.0021	0.0025	0.0025	0.0025	0.0021	0.0016	0.0023
z51	0.0025	0.0023	0.0025	0.0023	0.0023	0.0021	0.0021	0.0021	0.0025	0.0025	0.0025	0.0021	0.0015	0.0023
z52	0.0025	0.0023	0.0025	0.0023	0.0023	0.0021	0.0021	0.0021	0.0025	0.0025	0.0025	0.0021	0.0015	0.0023
z53	0.0025	0.0023	0.0023	0.0023	0.0023	0.0020	0.0020	0.0020	0.0025	0.0025	0.0025	0.0020	0.0015	0.0023
z54	0.0024	0.0022	0.0019	0.0022	0.0022	0.0022	0.0022	0.0022	0.0022	0.0022	0.0019	0.0023	0.0017	0.0024
z55	0.0024	0.0021	0.0019	0.0021	0.0021	0.0021	0.0021	0.0020	0.0024	0.0024	0.0024	0.0024	0.0019	0.0021
z56	0.0023	0.0023	0.0023	0.0023	0.0023	0.0020	0.0020	0.0020	0.0025	0.0025	0.0025	0.0020	0.0015	0.0023
z57	0.0024	0.0024	0.0019	0.0022	0.0022	0.0022	0.0022	0.0024	0.0024	0.0022	0.0019	0.0023	0.0017	0.0024
z58	0.0023	0.0023	0.0019	0.0021	0.0021	0.0023	0.0021	0.0020	0.0023	0.0023	0.0023	0.0023	0.0019	0.0023
z59	0.0026	0.0026	0.0026	0.0026	0.0026	0.0023	0.0023	0.0026	0.0023	0.0024	0.0026	0.0018	0.0018	0.0024
z60	0.0027	0.0027	0.0026	0.0026	0.0026	0.0024	0.0023	0.0027	0.0023	0.0024	0.0026	0.0018	0.0018	0.0024
z61	0.0027	0.0027	0.0026	0.0026	0.0026	0.0024	0.0023	0.0027	0.0023	0.0024	0.0026	0.0018	0.0018	0.0024
z62	0.0026	0.0026	0.0026	0.0025	0.0026	0.0023	0.0023	0.0026	0.0023	0.0024	0.0026	0.0018	0.0017	0.0024
z63	0.0026	0.0026	0.0026	0.0025	0.0026	0.0023	0.0023	0.0026	0.0023	0.0024	0.0026	0.0018	0.0017	0.0024
z64	0.0025	0.0022	0.0017	0.0022	0.0022	0.0025	0.0025	0.0022	0.0020	0.0022	0.0022	0.0020	0.0024	0.0024
z65	0.0022	0.0022	0.0015	0.0022	0.0022	0.0025	0.0025	0.0022	0.0020	0.0022	0.0022	0.0020	0.0022	0.0022
z66	0.0024	0.0021	0.0019	0.0021	0.0021	0.0024	0.0024	0.0021	0.0019	0.0021	0.0021	0.0019	0.0021	0.0021
z67	0.0024	0.0024	0.0017	0.0024	0.0024	0.0024	0.0024	0.0021	0.0019	0.0023	0.0024	0.0019	0.0024	0.0021
z68	0.0023	0.0021	0.0019	0.0021	0.0023	0.0021	0.0021	0.0017	0.0021	0.0021	0.0023	0.0023	0.0023	0.0023
z69	0.0025	0.0023	0.0020	0.0020	0.0020	0.0020	0.0023	0.0023	0.0024	0.0024	0.0023	0.0023	0.0020	0.0023
z70	0.0021	0.0021	0.0022	0.0022	0.0021	0.0021	0.0022	0.0021	0.0020	0.0022	0.0022	0.0020	0.0021	0.0021
z71	0.0024	0.0022	0.0022	0.0022	0.0022	0.0024	0.0024	0.0022	0.0019	0.0022	0.0021	0.0022	0.0024	0.0023
z72	0.0022	0.0022	0.0019	0.0022	0.0022	0.0023	0.0023	0.0022	0.0019	0.0022	0.0022	0.0022	0.0022	0.0022
z73	0.0019	0.0021	0.0021	0.0021	0.0021	0.0021	0.0021	0.0021	0.0021	0.0021	0.0021	0.0021	0.0021	0.0021

表 3-26（续）

指标	机构 15	机构 16	机构 17	机构 18	机构 19	机构 20	机构 21	机构 22	机构 23	机构 24	机构 25	机构 26	机构 27	机构 28
z38	0.0025	0.0025	0.0017	0.0017	0.0020	0.0023	0.0021	0.0023	0.0023	0.0025	0.0025	0.0017	0.0020	0.0017
z39	0.0025	0.0025	0.0017	0.0017	0.0020	0.0023	0.0020	0.0023	0.0023	0.0025	0.0025	0.0017	0.0020	0.0017
z40	0.0025	0.0025	0.0017	0.0017	0.0020	0.0023	0.0020	0.0023	0.0023	0.0025	0.0025	0.0017	0.0020	0.0017
z41	0.0025	0.0025	0.0017	0.0017	0.0020	0.0023	0.0021	0.0023	0.0023	0.0026	0.0025	0.0017	0.0020	0.0017
z42	0.0025	0.0025	0.0017	0.0017	0.0020	0.0023	0.0021	0.0023	0.0023	0.0026	0.0025	0.0017	0.0020	0.0017
z43	0.0024	0.0024	0.0016	0.0017	0.0019	0.0022	0.0020	0.0022	0.0022	0.0025	0.0024	0.0017	0.0019	0.0016
z44	0.0025	0.0025	0.0017	0.0017	0.0020	0.0023	0.0021	0.0023	0.0023	0.0025	0.0025	0.0017	0.0020	0.0017
z45	0.0025	0.0025	0.0017	0.0017	0.0020	0.0023	0.0021	0.0023	0.0023	0.0026	0.0025	0.0017	0.0020	0.0017
z46	0.0025	0.0025	0.0017	0.0017	0.0020	0.0023	0.0021	0.0023	0.0023	0.0025	0.0025	0.0017	0.0020	0.0017
z47	0.0025	0.0025	0.0017	0.0017	0.0020	0.0023	0.0021	0.0023	0.0023	0.0025	0.0025	0.0017	0.0020	0.0017
z48	0.0025	0.0025	0.0017	0.0017	0.0020	0.0023	0.0021	0.0023	0.0023	0.0026	0.0025	0.0017	0.0020	0.0017
z49	0.0025	0.0025	0.0017	0.0017	0.0020	0.0023	0.0021	0.0023	0.0023	0.0026	0.0025	0.0017	0.0020	0.0017
z50	0.0025	0.0025	0.0017	0.0017	0.0020	0.0023	0.0021	0.0023	0.0023	0.0026	0.0025	0.0017	0.0020	0.0017
z51	0.0025	0.0025	0.0017	0.0017	0.0020	0.0023	0.0021	0.0023	0.0023	0.0026	0.0025	0.0017	0.0020	0.0017
z52	0.0025	0.0025	0.0017	0.0017	0.0020	0.0023	0.0021	0.0023	0.0023	0.0026	0.0025	0.0017	0.0020	0.0017
z53	0.0025	0.0025	0.0017	0.0017	0.0020	0.0023	0.0020	0.0023	0.0023	0.0025	0.0025	0.0017	0.0020	0.0017
z54	0.0015	0.0024	0.0017	0.0017	0.0017	0.0022	0.0019	0.0017	0.0024	0.0022	0.0019	0.0024	0.0017	0.0017
z55	0.0021	0.0024	0.0017	0.0019	0.0019	0.0021	0.0021	0.0019	0.0024	0.0024	0.0024	0.0024	0.0017	0.0017
z56	0.0025	0.0025	0.0017	0.0017	0.0020	0.0023	0.0020	0.0023	0.0023	0.0025	0.0025	0.0017	0.0020	0.0017
z57	0.0014	0.0024	0.0017	0.0017	0.0017	0.0024	0.0019	0.0017	0.0024	0.0022	0.0019	0.0024	0.0017	0.0017
z58	0.0021	0.0023	0.0016	0.0019	0.0019	0.0023	0.0021	0.0019	0.0023	0.0023	0.0023	0.0023	0.0016	0.0016
z59	0.0024	0.0026	0.0018	0.0018	0.0018	0.0018	0.0018	0.0018	0.0027	0.0018	0.0018	0.0018	0.0018	0.0019
z60	0.0024	0.0027	0.0018	0.0018	0.0018	0.0018	0.0018	0.0018	0.0027	0.0018	0.0018	0.0018	0.0018	0.0019
z61	0.0024	0.0027	0.0018	0.0018	0.0018	0.0018	0.0018	0.0018	0.0027	0.0018	0.0018	0.0018	0.0018	0.0019
z62	0.0024	0.0026	0.0018	0.0018	0.0018	0.0017	0.0018	0.0018	0.0026	0.0017	0.0017	0.0018	0.0018	0.0018
z63	0.0024	0.0026	0.0018	0.0018	0.0018	0.0017	0.0018	0.0018	0.0026	0.0017	0.0017	0.0018	0.0018	0.0018
z64	0.0015	0.0022	0.0017	0.0017	0.0015	0.0022	0.0017	0.0022	0.0019	0.0022	0.0021	0.0022	0.0024	0.0017
z65	0.0015	0.0022	0.0017	0.0016	0.0017	0.0020	0.0019	0.0022	0.0019	0.0022	0.0025	0.0024	0.0022	0.0020
z66	0.0015	0.0021	0.0018	0.0015	0.0018	0.0019	0.0018	0.0021	0.0018	0.0021	0.0024	0.0024	0.0021	0.0019
z67	0.0017	0.0012	0.0018	0.0015	0.0017	0.0019	0.0018	0.0021	0.0018	0.0021	0.0024	0.0024	0.0021	0.0019
z68	0.0021	0.0019	0.0019	0.0019	0.0021	0.0021	0.0023	0.0021	0.0019	0.0021	0.0021	0.0021	0.0023	0.0023
z69	0.0023	0.0016	0.0020	0.0020	0.0023	0.0023	0.0024	0.0023	0.0020	0.0016	0.0023	0.0016	0.0016	0.0023
z70	0.0019	0.0021	0.0021	0.0022	0.0022	0.0022	0.0021	0.0021	0.0021	0.0021	0.0019	0.0020	0.0021	0.0019
z71	0.0019	0.0022	0.0017	0.0017	0.0014	0.0022	0.0017	0.0022	0.0019	0.0024	0.0020	0.0022	0.0024	0.0017
z72	0.0019	0.0022	0.0019	0.0019	0.0017	0.0019	0.0018	0.0022	0.0021	0.0024	0.0024	0.0024	0.0024	0.0019
z73	0.0021	0.0021	0.0021	0.0021	0.0017	0.0021	0.0017	0.0021	0.0021	0.0021	0.0019	0.0021	0.0021	0.0021

表 3-26（续）

指标	机构 29	机构 30	机构 31	机构 32	机构 33	机构 34	机构 35	机构 36	机构 37	机构 38	机构 39	机构 40	机构 41
z38	0.0017	0.0017	0.0025	0.0023	0.0017	0.0022	0.0025	0.0022	0.0017	0.0025	0.0023	0.0017	0.0017
z39	0.0017	0.0017	0.0025	0.0023	0.0017	0.0022	0.0025	0.0022	0.0017	0.0025	0.0023	0.0017	0.0017
z40	0.0017	0.0017	0.0025	0.0023	0.0017	0.0022	0.0025	0.0022	0.0017	0.0025	0.0023	0.0017	0.0017
z41	0.0017	0.0017	0.0025	0.0023	0.0017	0.0023	0.0026	0.0023	0.0017	0.0025	0.0023	0.0017	0.0017
z42	0.0017	0.0017	0.0025	0.0023	0.0017	0.0023	0.0026	0.0023	0.0017	0.0025	0.0023	0.0017	0.0017
z43	0.0016	0.0016	0.0024	0.0022	0.0017	0.0022	0.0025	0.0022	0.0016	0.0024	0.0022	0.0017	0.0016
z44	0.0017	0.0017	0.0025	0.0023	0.0017	0.0022	0.0025	0.0022	0.0017	0.0025	0.0023	0.0017	0.0017
z45	0.0017	0.0017	0.0025	0.0023	0.0017	0.0023	0.0026	0.0023	0.0017	0.0025	0.0023	0.0017	0.0017
z46	0.0017	0.0017	0.0025	0.0023	0.0017	0.0022	0.0025	0.0022	0.0017	0.0025	0.0023	0.0017	0.0017
z47	0.0017	0.0017	0.0025	0.0023	0.0017	0.0022	0.0025	0.0022	0.0017	0.0025	0.0023	0.0017	0.0017
z48	0.0017	0.0017	0.0025	0.0023	0.0017	0.0023	0.0026	0.0023	0.0017	0.0025	0.0023	0.0017	0.0017
z49	0.0017	0.0017	0.0025	0.0023	0.0017	0.0023	0.0026	0.0023	0.0017	0.0025	0.0023	0.0017	0.0017
z50	0.0017	0.0017	0.0025	0.0023	0.0017	0.0023	0.0026	0.0023	0.0017	0.0025	0.0023	0.0017	0.0017
z51	0.0017	0.0017	0.0025	0.0023	0.0017	0.0022	0.0026	0.0022	0.0017	0.0025	0.0023	0.0017	0.0017
z52	0.0017	0.0017	0.0025	0.0023	0.0017	0.0022	0.0026	0.0022	0.0017	0.0025	0.0023	0.0017	0.0017
z53	0.0016	0.0016	0.0025	0.0023	0.0017	0.0022	0.0025	0.0022	0.0016	0.0025	0.0023	0.0017	0.0017
z54	0.0022	0.0019	0.0024	0.0024	0.0017	0.0022	0.0019	0.0022	0.0022	0.0024	0.0024	0.0024	0.0019
z55	0.0021	0.0023	0.0023	0.0024	0.0017	0.0021	0.0023	0.0024	0.0021	0.0019	0.0023	0.0020	0.0017
z56	0.0016	0.0016	0.0025	0.0023	0.0017	0.0022	0.0025	0.0022	0.0016	0.0025	0.0023	0.0017	0.0017
z57	0.0022	0.0019	0.0024	0.0024	0.0017	0.0022	0.0019	0.0022	0.0022	0.0024	0.0024	0.0024	0.0019
z58	0.0021	0.0023	0.0022	0.0023	0.0016	0.0021	0.0023	0.0023	0.0021	0.0019	0.0022	0.0020	0.0016
z59	0.0017	0.0017	0.0018	0.0024	0.0018	0.0024	0.0026	0.0018	0.0018	0.0024	0.0018	0.0018	0.0018
z60	0.0017	0.0017	0.0018	0.0024	0.0018	0.0024	0.0027	0.0018	0.0018	0.0024	0.0018	0.0018	0.0018
z61	0.0017	0.0017	0.0018	0.0024	0.0018	0.0024	0.0027	0.0018	0.0018	0.0024	0.0018	0.0018	0.0018
z62	0.0017	0.0017	0.0017	0.0024	0.0018	0.0024	0.0026	0.0018	0.0018	0.0024	0.0018	0.0018	0.0017
z63	0.0017	0.0017	0.0017	0.0024	0.0018	0.0024	0.0026	0.0018	0.0018	0.0024	0.0018	0.0018	0.0017
z64	0.0020	0.0022	0.0023	0.0024	0.0022	0.0022	0.0017	0.0020	0.0017	0.0022	0.0022	0.0022	0.0019
z65	0.0020	0.0022	0.0023	0.0024	0.0022	0.0022	0.0015	0.0024	0.0017	0.0022	0.0022	0.0022	0.0017
z66	0.0019	0.0021	0.0024	0.0024	0.0021	0.0021	0.0014	0.0023	0.0017	0.0021	0.0021	0.0021	0.0017
z67	0.0019	0.0021	0.0024	0.0023	0.0021	0.0021	0.0014	0.0024	0.0017	0.0024	0.0024	0.0021	0.0017
z68	0.0021	0.0021	0.0021	0.0021	0.0023	0.0021	0.0019	0.0021	0.0023	0.0021	0.0021	0.0021	0.0019
z69	0.0023	0.0023	0.0024	0.0023	0.0023	0.0020	0.0023	0.0020	0.0023	0.0016	0.0020	0.0023	0.0016
z70	0.0020	0.0022	0.0021	0.0021	0.0022	0.0022	0.0021	0.0021	0.0021	0.0021	0.0021	0.0021	0.0022
z71	0.0019	0.0021	0.0022	0.0023	0.0022	0.0022	0.0017	0.0019	0.0017	0.0022	0.0022	0.0024	0.0019
z72	0.0019	0.0022	0.0023	0.0024	0.0022	0.0022	0.0014	0.0023	0.0017	0.0022	0.0022	0.0024	0.0019
z73	0.0021	0.0021	0.0021	0.0021	0.0021	0.0021	0.0021	0.0021	0.0021	0.0021	0.0021	0.0021	0.0019

（3）计算最优值向量和最劣值向量（含权）

根据Z矩阵得到最优值向量和最劣值向量，即有限方案中的最优方案和最劣方案为：

WZ^{+}＝（0.002333，0.002409，0.002466，0.002514，0.002441，0.002451，0.002509，0.002344，0.002499，0.002480，0.002452，0.002620，0.002523，0.002398 ，0.002474，0.002476，0.002457，0.002800，0.002108，0.002368，0.002215，0.002481，0.002408，0.002480，0.002492，0.002518，0.002546，0.002528，0.002509，0.002528，0.002546，0.002546，0.002546，0.002528，0.002399，0.002546，0.002546，0.002546，0.002528，0.002528，0.002564，0.002564，0.002473，0.002546，0.002564，0.002546，0.002546，0.002564，0.002564，0.002564，0.002552，0.002554，0.002503，0.002425，0.002379，0.002509，0.002395，0.002318，0.002668，0.002688，0.002688，0.002649，0.002649，0.002490，0.002467，0.002379，0.002366 ，0.002325，0.002470，0.002239，0.002405，0.002410，0.002111）；

WZ^{-}＝（0.001595，0.001533，0.001578，0.001575，0.001529，0.001551，0.001572，0.001691，0.001590，0.001569，0.001601，0.001825，0.001555，0.001679，0.001565，0.001486，0.001580，0.000000，0.002108，0.000474，0.001767，0.001519，0.001474，0.001594，0.001611，0.001542，0.001543，0.001532，0.001521，0.001532，0.001543，0.001543，0.001543，0.001532，0.001454，0.001543，0.001543，0.001543，0.001532，0.001532，0.001554，0.001554，0.001499，0.001543，0.001554，0.001543，0.001543，0.001554，0.001554，0.001554，0.001547，0.001548，0.001517，0.001455，0.001665，0.001521，0.001437，0.001623，0.001698，0.001710，0.001710，0.001686，0.001686，0.001494，0.001480，0.001428，0.001183，0.001661，0.001638，0.001850，0.001443，0.001446，0.001688）。

（4）综合评价

根据WZ^{+}和WZ^{-}计算出各机构与最优方案及最劣方案的距离和，再计算出相对接近程度C_i值，以机构为单位按照C_i大小进行排序发现：排名前5名的机构分别为机构11、机构10、机构1、机构38和机构9，其接近程度C_i分别为：0.8579，0.8542，0.8522，0.8300和0.8194。具体排名由高到低见表3-27。

表3-27　41家养老机构服务质量综合排位（加权TOPSIS法）

机构	D_i^+	D_i^-	C_i	排序
机构1	0.0013	0.0076	0.8522	3
机构2	0.0019	0.0070	0.7889	10
机构3	0.0040	0.0058	0.5910	26
机构4	0.0018	0.0071	0.7933	8
机构5	0.0020	0.0070	0.7771	11

表 3-27（续）

机构	D_i^+	D_i^-	C_i	排序
机构 6	0.0032	0.0060	0.6533	20
机构 7	0.0032	0.0059	0.6438	22
机构 8	0.0033	0.0060	0.6423	23
机构 9	0.0017	0.0077	0.8194	5
机构 10	0.0013	0.0078	0.8542	2
机构 11	0.0013	0.0077	0.8579	1
机构 12	0.0044	0.0052	0.5432	27
机构 13	0.0068	0.0041	0.3774	34
机构 14	0.0019	0.0072	0.7920	9
机构 15	0.0040	0.0067	0.6279	24
机构 16	0.0018	0.0078	0.8115	6
机构 17	0.0068	0.0022	0.2429	39
机构 18	0.0070	0.0020	0.2201	41
机构 19	0.0055	0.0040	0.4188	31
机构 20	0.0029	0.0066	0.6976	18
机构 21	0.0052	0.0040	0.4346	29
机构 22	0.0034	0.0062	0.6488	21
机构 23	0.0022	0.0070	0.7611	13
机构 24	0.0027	0.0074	0.7339	14
机构 25	0.0027	0.0073	0.7274	15
机构 26	0.0061	0.0040	0.3978	32
机构 27	0.0050	0.0046	0.4774	28
机构 28	0.0067	0.0026	0.2779	38
机构 29	0.0065	0.0035	0.3465	36
机构 30	0.0064	0.0041	0.3918	33
机构 31	0.0023	0.0077	0.7685	12
机构 32	0.0017	0.0072	0.8104	7
机构 33	0.0065	0.0033	0.3386	37
机构 34	0.0030	0.0059	0.6626	19
机构 35	0.0032	0.0073	0.6994	17
机构 36	0.0035	0.0058	0.6215	25
机构 37	0.0065	0.0038	0.3675	35
机构 38	0.0016	0.0077	0.8300	4
机构 39	0.0026	0.0068	0.7261	16
机构 40	0.0060	0.0046	0.4309	30
机构 41	0.0070	0.0020	0.2232	40

（5）29 家城市养老机构综合评价计算最优值向量和最劣值向量（含权）

根据 **Z** 矩阵得到最优值向量和最劣值向量，即有限方案中的最优方案和最劣方案为：

$\boldsymbol{WZ}^+$ =（0.002705，0.002754，0.002811，0.002851，0.002829，0.002783，0.002873，0.002815，0.002845，0.002852，0.002797，0.003106，0.002887，0.002803，0.002827，0.002831，0.002831，0.003274，0.002507，0.002755，0.002645，0.002821，0.002753，0.002837，0.00286，0.002895，0.002916，

0.002895，0.002874，0.002895，0.002916，0.002916，0.002916，0.002895，0.002748，0.002916，0.002916，0.002916，0.002895，0.002895，0.002937，0.002937，0.002832，0.002916，0.002937，0.002916，0.002916，0.002937，0.002937，0.002937，0.002918，0.002921，0.002864，0.002834，0.002771，0.002874，0.002788，0.002699，0.003077，0.003099，0.003099，0.003055，0.003055，0.002935，0.002889，0.002782，0.002734，0.002769，0.002907，0.002640，0.002861，0.002861，0.002518)；

$\boldsymbol{WZ}^{-}=$ (0.001849，0.001891，0.001799，0.001786，0.001772，0.001761，0.001799，0.002032，0.001868，0.001892，0.001883，0.002164，0.001779，0.001962，0.001875，0.001812，0.001820，0.000000，0.002507，0.000826，0.002111，0.001727，0.001826，0.001882，0.001911，0.001773，0.001914，0.001901，0.001887，0.001901，0.001914，0.001914，0.001914，0.001901，0.001804，0.001914，0.001914，0.001914，0.001901，0.001901，0.001928，0.001928，0.001859，0.001914，0.001928，0.001914，0.001914，0.001928，0.001928，0.001928，0.001916，0.001918，0.001881，0.001984，0.001940，0.001887，0.001951，0.001889，0.002020，0.002035，0.002035，0.002006，0.002006，0.001761，0.001734，0.001669，0.001641，0.001978，0.001928，0.002290，0.001717，0.001717，0.002014)。

(6) 综合评价

根据 $\boldsymbol{WZ}^{+}$ 和 $\boldsymbol{WZ}^{-}$ 计算出各机构与最优方案及最劣方案的距离和，再计算出相对接近程度 C_i 值，以机构为单位按照 C_i 大小进行排序发现：由高到低前 5 名依次为：机构 11、机构 10、机构 1、机构 38 和机构 9，其接近程度 C_i 分别为：0.8446，0.8421，0.8419，0.8141 和 0.8031。具体排名详见表 3－28。

表 3－28　29 家城市养老机构服务质量综合排位（加权 TOPSIS 法）

机构	D_i^+	D_i^-	C_i	排序
机构 1	0.0015	0.0081	0.8419	3
机构 2	0.0022	0.0074	0.7732	8
机构 3	0.0047	0.0059	0.5580	23
机构 4	0.0021	0.0074	0.7775	7
机构 5	0.0023	0.0073	0.7582	9
机构 6	0.0037	0.0064	0.6343	18
机构 7	0.0037	0.0062	0.6237	20
机构 8	0.0038	0.0063	0.6214	21
机构 9	0.0020	0.0082	0.8031	5
机构 10	0.0015	0.0082	0.8421	2
机构 11	0.0015	0.0082	0.8446	1
机构 18	0.0081	0.0018	0.1800	29
机构 19	0.0064	0.0039	0.3795	25
机构 20	0.0033	0.0069	0.6757	15

表 3－28（续）

机构	D_i^+	D_i^-	C_i	排序
机构 21	0.0060	0.0039	0.3918	24
机构 22	0.0039	0.0065	0.6249	19
机构 23	0.0025	0.0073	0.7414	11
机构 24	0.0031	0.0077	0.7132	12
机构 25	0.0032	0.0076	0.7062	13
机构 26	0.0070	0.0042	0.3769	26
机构 31	0.0027	0.0081	0.7512	10
机构 32	0.0020	0.0076	0.7956	6
机构 33	0.0075	0.0035	0.3164	28
机构 34	0.0035	0.0061	0.6383	17
机构 35	0.0037	0.0077	0.6740	16
机构 36	0.0041	0.0060	0.5954	22
机构 37	0.0075	0.0041	0.3523	27
机构 38	0.0019	0.0081	0.8141	4
机构 39	0.0030	0.0072	0.7059	14

（7）12 家农村养老机构综合评价计算最优值向量和最劣值向量（含权）

根据 **Z** 矩阵得到最优值向量和最劣值向量，即有限方案中的最优方案和最劣方案为：

$\boldsymbol{WZ}^+=$（0.004562，0.004972，0.005034，0.005279，0.004782，0.005171，0.005104，0.004187，0.005068，0.005024，0.005100，0.004329，0.005139，0.004540，0.005062，0.004955，0.004949，0.005405，0.003897，0.004636，0.004051，0.004785，0.004967，0.005053，0.004991，0.004685，0.005171，0.005134，0.005096，0.005134，0.005171，0.005171，0.005171，0.005134，0.004873，0.005171，0.005171，0.005171，0.005134，0.005134，0.005208，0.005208，0.005022，0.005171，0.005208，0.005171，0.005171，0.005208，0.005208，0.005208，0.005208，0.005208，0.005096，0.004682，0.004641，0.005096，0.004682，0.004524，0.005303，0.005341，0.005341，0.005265，0.005265，0.004614，0.004264，0.004135，0.004716，0.004194，0.004301，0 .004136，0.004442，0.004472，0.003870）；

$\boldsymbol{WZ}^-=$（0.003151，0.003164，0.003339，0.003447，0.003123，0.003430，0.003438，0.003489，0.003326，0.003179，0.003330，0.003507，0.003356，0.003243，0.003236，0.003065，0.003181，0.000601，0.003897，0.000927，0.003642，0.003190，0.003041，0.003282，0.003259，0.003123，0.003166，0.003143，0.003120，0.003143，0.003166，0.003166，0.003166，0.003143，0.002984，0.003166，0.003166，0.003166，0.003143，0.003143，0.003189，0.003189，0.003075，0.003166，0.003189，0.003166，0.003166，0.003189，0.003189，0.003189，0.003189，0.003189，0.003120，0.002809，0.003249，0.003120，0.002809，0.003167，0.003409，0.003434，0.003434，0.003384，

0.003384，0.002825，0.002843，0.002986，0.002358，0.003495，0.003106，0.003490，0.003109，0.003577 ，0.003483）。

（8）综合评价

根据 WZ^{+} 和 WZ^{-} 计算出各机构与最优方案及最劣方案的距离和，再计算出相对接近程度 C_i 值，以机构为单位按照 C_i 大小进行排序发现：由高到低前 5 名依次为：机构 16、机构 14、机构 15、机构 12 和机构 27，其接近程度 C_i 分别为：0.8363，0.8061，0.6467，0.5363 和 0.4742。具体排名由高到低见表 3－29。

表 3－29　12 家农村养老机构服务质量综合排位（加权 TOPSIS 法）

机构	D_i^+	D_i^-	C_i	排序
机构 12	0.0085	0.0098	0.5363	4
机构 13	0.0134	0.0072	0.3486	8
机构 14	0.0033	0.0139	0.8061	2
机构 15	0.0073	0.0134	0.6467	3
机构 16	0.0030	0.0154	0.8363	1
机构 17	0.0132	0.0035	0.2110	11
机构 27	0.0095	0.0086	0.4742	5
机构 28	0.0130	0.0044	0.2508	10
机构 29	0.0128	0.0060	0.3186	9
机构 30	0.0125	0.0072	0.3664	7
机构 40	0.0118	0.0081	0.4058	6
机构 41	0.0137	0.0033	0.1925	12

3.2.3　长期照护服务质量综合评价指标体系的应用与推广

将本研究最终形成的长期照护服务质量综合评价指标体系，在湖南省提供长期照护的 41 家养老机构中进行综合评估应用，能较好反映养老机构长期照护服务质量。到目前为止，主要在以下两方面进行了应用与推广。

3.2.3.1　长期照护服务体系建设方面

此次长期照护服务现状研究是湖南省民政厅福慈处发函组织调研，从湖南省湘东、湘西、湘南、湘北和湘中 5 个地区分别随机抽样，对湖南省提供长期照护的 41 家养老机构进行现状研究，掌握湖南省养老机构提供长期照护服务实际情况，发现湖南省养老服务存在的短板，针对湖南省长期照护服务供需失衡状态、区域养老服务事业发展不平衡现状、老年人医疗服务需要不能满足等问题，提出建设长期照护服务体系、统筹发展城乡养老服务事业、加强医养结合等对策，该部分研究成果为 2017 年“湖南省利用世界银行贷款开展老年人长期照护服务体系建设项目”提供了科学依据。将国际养老服务的先进理念、管理评价标准和技术要求与国内养老实际相融合，满足老年人长期照护刚性需求，进一步推动养老服务提质增效，促使养老事业的规范发展。目前长期照护服务质量综合评价指标体系在省内大型公办养老机构质量管理中应用并推广，为政府监管部门提供可行性测量工具。

3.2.3.2 养老护理员的规范管理方面

其中对于失能老人的照护服务评估，认为生活照料服务对老年人维持正常生活非常关键，医疗护理保健服务中后期康复过程中能促进老年人康复，提出在长期照护服务机构的养老护理员需培训学习强化失能老年人照护的职业技能要求和相关知识要求，该部分关于养老护理员的研究成果为2019年国家人力资源与社会保障部和民政部联合制定的《养老护理员国家职业技能标准（2019年版）》[183]提供了各级养老护理员技能要求的科学依据，该职业技能标准已于2019年9月正式颁布实施，为规范养老护理员的管理提供参考。

3.3 讨论

本次研究围绕湖南省长期照护服务质量及其相关因素进行了研究，在国内首次结合德尔菲法咨询老年人长期照护服务质量专家的意见，初步构建了长期照护评价指标体系，再进行现场实证研究，调查了提供长期照护服务的养老机构一般状况、并调查了服务技术人员和入住养老机构的老年人，选择养老机构管理者进行了定性访谈，最后对长期照护服务机构进行了服务质量综合评价。

3.3.1 长期照护服务质量综合评价指标体系构建

3.3.1.1 评价指标体系框架的构建

本研究检索了国内外长期照护服务质量评价相关文献，充分了解国内外相关评价指标的研究现状与进展，把握长期照护服务质量评价指标的评价维度、评价方法及指标内容，在此基础上，结合系统论、马斯洛需求层次理论以及结构一过程一结果理论，从管理结构规范性、基础服务质量、医疗服务、心理社会支持和老年人健康管理质量5个科学管理的重要环节与关键点，构建了长期照护服务质量五维度综合评价指标体系，包括5个一级指标、27个二级指标、73个三级指标。该指标体系综合体现了管理科学的系统论、以老年人为主体的需求层次理论、质量管理的结构一过程一结果理论，借鉴了Staffan等[184]关于老年人医疗保健和非正式护理的相关研究，以及Raphael等[185]对英格兰老年人长期照护的研究和Ruth等[186]从成本和分配效应对英国老年人长期护理费用的研究，说明指标体系框架构建科学合理。

3.3.1.2 专家的选择

专家咨询法广泛应用于管理研究中，如Meyrick等[187]和Hasson等[188]关于Delphi专家咨询法的应用。本研究是利用专家所掌握的长期照护服务管理相关知识，就长期照护服务质量综合评价指标进行充分交流，多轮咨询逐步取得一致意见，结合定性和定量研究方法构建指标体系。因此专家的选择关系到评价指标体系是否具有权威[155]，专家人数一般以20～50人为宜[135]，本研究选择位于湖南省的各级养老机构从事长期照护服务管理的专家38位进行咨询，专家所在工作单位为大型养老机构或者国内知名品牌养老机构连锁，在行业领域具有代表性，符合研究需要。从一般资料可见，参与研究的专家无论从工作经验、管理经验、学识水平、职称结构，还是研究领域都符合中国现行专家的标准，更贴合目前从事老年人长期照护的行业实际情况，具备咨询资格以及符合 Delphi 法的要求，与 Charlene 等[189]对老年人主导的护理模式应用研究及 Biggane 等[190]对 Delphi 法国际调查和应用研究方法一致 。

3.3.1.3　专家的积极性

研究结果显示，专家参与此次研究非常积极，一般认为，研究的应答率达到60％以上的算比较好的应答结果，70％以上应答率就是一次很好调查的标准[155]。本研究进行了两轮专家咨询，专家参与研究的应答率第一轮高达 94.74％和第二轮高达 92.11％。充分说明专家们对此项研究工作非常重视，积极性高。

3.3.1.4　专家意见权威程度及协调程度

两轮专家咨询研究的间隔时间设计合理，若间隔时间太短，则第一轮研究的判断会影响第二轮的研究，若间隔时间太长，则不利于研究的顺利进展。此次研究两轮专家咨询间隔为 1 个月，比较恰当，较好地规避了以上不足。从研究结果显示，本次研究的专家权威程度（权威系数）Cr 及判断的依据 Ca 和熟悉程度 Cs 结果：熟悉程度评分平均为 0.96±0.04；判断依据评分平均为 0.83±0.06；权威系数平均为 0.90±0.03，一般认为专家意见权威程度 $Cr \geqslant 0.70$ 为可接受信度[154]，本研究咨询的专家权威程度评价计算所得的结果均高于 0.70，说明专家对此次研究评价的内容其权威程度是比较高的，结果可信。

专家意见协调程度，重要性、可操作性和敏感性的总分为 100 分，根据第一轮和第二轮调查结果，专家对重要性、可操作性和敏感性的分值计算专家意见协调系数 W，以及对各指标进行协调系数分析，一级、二级及三级指标协调系数比较统计学差别有意义，说明有专家一致性。

3.3.1.5　评价长期照护服务质量综合评价指标体系的合理性

本研究在大量查阅国内外文献基础上，结合系统论、马斯洛需求层次理论以及结构一过程一结果理论，参考香港实行的 RACAS 40：2014 评审安老院舍的标准[118]、2017 年国家颁布了《养老机构服务质量基本规范》（GB/T 35796－2017）国家标准[131]，民政部于 2017 年发布的《民政部等六部门印发关于开展养老院服务质量建设专项行动的通知》[132]。采用 Delphi 专家咨询法通过两轮专家咨询最终确定长期照护服务质量五维度综合评价指标体系，包括 5 个一级指标、27 个二级指标、73 个三级指标。该指标体系遵循层次分析法的原理，符合我国长期照护服务现状，经验证具有较好的实用性、可行性和科学性。

本次研究指标体系分别从三级指标进行专家评分，其中重要性、可操作性和敏感性的权重分别为39.44%、39.31%和21.25%，结果发现：①5个一级指标，没有专家对一级指标的名称和分类提出异议。各一级指标的平均分均在8分以上，变异系数均小于0.2，说明对于一级指标，专家的一致性较好。②27个二级指标，专家评分二级指标均为8分以上，评分较高，专家没有对二级指标提出不合理的意见。③73个三级指标，专家评分三级指标均为8分以上，专家评分较高。根据专家意见，将属于一级指标 A_2 基础服务质量的 $B_{2.1}$ 生活照料服务下级的 $C_{2.1.12}$ 护肤及面容修饰修改为 $C_{2.1.12}$ 面容修饰，因该建议85.71%专家表示同意，因此接纳专家意见修改了该条三级指标。所有指标评分后从重要性、可操作性和敏感性三方面进行计算组合权重。

该指标体系的构建考虑了专家的权威性、指标的重要性与可操作性，实现三方面的整合评价对指标筛选，保证了评价指标的科学性、合理性与可行性。构建的长期照护服务质量综合评价指标体系，能反映养老机构长期照护服务质量的现状。

3.3.2　实证研究分析

3.3.2.1　管理结构规范性

管理结构规范性由13个二级指标及23个三级指标构成。实证研究结果表明，城市与农村养老机构在管理结构规范性方面大部分指标城市得分高于农村，城乡比较有明显差异，主要体现在以下三级指标方面：适老化布局规范性、许可证办理情况、制度完善性、员工手册完善性、职责界定明确性、设施设备管理与维护的登记在册、设施设备管理与维护的清洁维护及时性、财务管理制度执行规范性、服务质量控制和持续改善机制的质量控制小组、服务质量控制和持续改善机制的员工执行率、服务技术操作常规的科学规范性、长期照护服务流程的流程规范性、风险的控制的控制措施情况、人力资源管理的职称晋升及考核标准和经济方面的合理性15个指标，其余环境设置规范性、长期照护服务目标的目标明确性、职责界定的员工执行率、财务管理的差错率、技术服务人员职业资格情况、服务人员与服务对象比、继续教育情况和人才梯队建设情况共8个指标方面无差异，说明湖南省城市养老机构在管理机构规范性方面整体优于农村养老机构。与钟颖[191]对我国城乡养老机构运营效率的省际差异时空分析研究观点基本一致。

3.3.2.2　基础服务质量

基础服务质量由3个二级指标及32个三级指标构成。实证研究结果表明，城市与农村养老机构在基础服务质量方面所有指标城市得分高于农村。在生活照料服务方面共30个三级指标，包含了协助穿/更换衣及整理衣服，洗脸、洗手/脚及刷牙等30项有明显差异，城市养老机构评价得分明显优于农村，说明城市养老机构在生活照料服务方面服务质量良好；而在咨询服务和安全保护服务方面城市和农村评价得分差异无统计学意义，表明此2项服务城乡无差别。建议农村养老机构大力加强对长期照护服务的老年人进行生活照料服务，提高服务质量。

3.3.2.3 医疗服务

医疗服务由 2 个二级指标及 9 个三级指标构成。实证研究结果表明，城市与农村养老机构在医疗服务方面所有指标城市得分高于农村。仅仅有 1 个三级指标即预防与保健方面差异有统计学意义，城市评价得分明显优于农村，其他三级指标包含康复、基本治疗、管道护理及给药护理的共 8 个指标城乡比较无差异，说明城市与农村养老机构在该 8 项服务上无区别。与其他一级指标比较，医疗服务各指标评价得分整体低于其他 4 个一级指标，说明长期照护服务的养老机构在医疗服务方面需要加强，与陈江芸[162]的研究观点相同。

3.3.2.4 心理社会支持

心理社会支持由 3 个二级指标及 3 个三级指标构成。实证研究结果表明，各项指标评价得分城市与农村养老机构差异无统计学意义，说明城乡养老机构提供的心理支持、社会支持和文化娱乐服务无区别，并且整体评价得分较高，最低分为农村文化娱乐服务达到了 80.42±13.22 分，说明目前提供长期照护服务的养老机构比较重视老年人的心理社会支持[192]。

3.3.2.5 老年人健康管理质量

老年人健康管理质量由 6 个二级指标及 6 个三级指标构成。实证研究结果表明，老年人健康管理质量为 5 个一级指标实证研究评价整体得分最高的指标，得分最低的农村养老机构老人压疮发生水平，评分达到 82.08±10.97 分，评价最好的是健康管理档案情况，评分高达 99.71±2.89 分。三级指标包含老人意外发生率、老人压疮发生率和老人疾病复发率等 6 个指标的城乡比较差异无统计学意义，说明湖南省提供长期照护服务的养老机构在健康管理档案情况和老人疾病复发水平管理上非常规范，城市和农村养老机构均体现管理质量优良，在其他 4 个指标方面的管理质量良好。与吴梦莲[193]对山东省的研究观点基本一致。

3.3.2.6 实证研究综合评价分析

采用 TOPSIS 法和加权秩和比，对 41 个样本养老机构长期照护服务质量进行了综合评价比较，并分别对城市和农村养老机构进行了分组比较。最后两种方法得出的结果一致性较高，TOPSIS 法 41 家养老机构服务质量排名顺序与加权秩和比法排名的第一档、第二档以及第三档结果一致。其中排名前 5 名的机构均为城市养老机构。具体指标分析：从管理结构规范性看，城市和农村养老机构在环境设置和布局、资质及制度建设、员工手册、职责界定明确性、设施设备管理维护、财务制度执行规范性、服务质量控制改善机制、服务技术科学性、长期照顾流程规范性、风险控制措施和经济合理性等方面城市明显优于农村，而人力资源管理方面在职称晋升及考核标准方面城市优于农村；医疗护理保健服务方面的预防与保健以及生活照料服务明显城市优于农村。可以认为城市养老机构无论从设施设备配置、制度建设、员工管理、预防与保健以及日常生活照料等方面与农村养老机构比较有优势，整体城市服务质量高于农村服务质量，农村养老机构需要从多方面着手加强管理，提升服务质量。经实证研究证明，本研究构建了可行的养老机构长期照护服务质量综合评价指标体系，并采用两种综合评价方法，对指标体系进行实证评价与验证，该指标体系总体上体现科学性和可行性，并且结果的关联性较好，能够用于养老机构长期照护服务质量综合评价，具有较好的应用价值。

综上所述，本研究从理论、专家咨询与实证研究“三位一体”构建养老机构长期照护服务质量综合评价指标体系，结合我国目前实施的管理条例和养老机构实际情况，从管理结构规范性、基础服务质量、医疗服务、心理社会支持和老年人健康管理质量5个维度综合评价长期照护服务质量，具有较强的科学性、可行性和应用性，值得在养老机构的长期照护服务质量管理中推广。

3.3.3 启示与建议

3.3.3.1 长期照护服务质量评价标准化

长期照护服务质量是养老服务管理中的痛点和难点。半失能和失能老人是长期照护服务的刚需人群，应以长期照护服务视为养老服务的关键点，将养老服务管理和医疗服务管理工作深度融合，切实为从事长期照护服务的养老机构提供政策优惠及保障，推动医疗保险和长期护理保险良性发展，为长期照护服务提供保障，加强养老机构的医疗护理实施条件建设，提供优惠政策促进和吸引高素质医护人员进入长期照护的养老机构就业，推动长期照护服务质量的快速提升。建立长期照护服务质量综合评价标准，并推广实施在实际管理工作中，加强监督管理，促进湖南省长期照护服务规范化发展。

长期照护服务质量评价常规化。建议设立常规的长期照护服务质量评价，向澳大利亚、加拿大、美国及中国香港地区学习，成立规范的独立的第三方评价机构，建设符合我国实际的长期照护服务综合评价标准体系，实施常规服务质量评估，评估的结果向社会公布，并与政府补贴紧密相联系，促使长期照护服务质量持续改进。

目前我国尚无长期照护服务体系，建议创造条件建设长期照护服务体系，顶层设计上将养老服务和医疗服务融合，从政策上、经费上、管理体制上和服务上将长期照护人群纳入长期照护服务体系，保障长期照护服务质量。

3.3.3.2 强化长期照护服务质量评价结果运用机制

建议建立长期照护服务质量评价结果运用机制，可在信息化管理平台定期公布长期照护服务质量评价结果，分别从管理结构规范性、基础服务质量、医疗服务、心理社会支持和老年人健康管理质量方面提出以下建议。

①规范机构管理。养老机构环境设置与布局要合理，方便老年人入住，设在老年人口密集的社区；资质齐全，制度健全，设施设备要符合老年人的服务需求，风

险控制科学规范；人力资源结构合理，加大专业护理人员的引进，在岗人员培训常规化。

②确保基础服务质量满意。针对老年人的自理能力重点提供老年人所需的生活照料服务，保持失能老人和半失能老人清洁舒适，严抓基础服务质量；提高咨询服务和安全保护服务，在保障老年人安全的前提下，满足日常生活所需服务。

③加强医疗服务。根据所居住老年人的身体健康状况，及时提供所需的医疗护理保健服务和应急救助医疗服务，科学合理地满足老年人的医疗服务需要。各地政府部门合理规划和配置医疗服务资源，整合现有的养老服务和医疗卫生服务资源，通过微小型养老机构配备专业医务人员、中等或大型养老机构内设医疗服务科或者医院，也可与养老机构附近的医疗单位合作等不同方式，使长期照护服务的养老机构全面覆盖并提升医疗服务，满足老年人的医疗服务需要。

④重视心理社会支持。科学合理设计心理支持、社会支持及文化娱乐，让老年人在养老机构能及时发现并解决心理问题，保持身心愉悦，人人安享晚年。

⑤完善老年人健康管理质量。从老年人意外发生、压疮发生、疾病复发、档案管理方面着手进行预防，提高老年人满意度和老年人亲属满意度，从而提升健康管理质量。

3.3.3.3 健全政府和养老机构两级管理机制

对政府管理部门，首先理顺涉及老年人的长期照护服务管理的民政系统和医疗卫生系统管理体制，协调做好管理工作，加强医养结合型养老机构的建设，畅通养老机构的医疗保险报销渠道；根据情况逐步推行长期护理保险，缓解老年人的长期照护服务带来的经济压力；指导并督促建立独立的第三方评估机构，应用评估标准对养老机构进行常规评估；政府补贴及优惠政策与评估结果相结合，推进长期照护服务管理质量。

养老机构管理人员应根据实际情况，合理分析优势和劣势，针对服务中存在的问题进行改善，根据当地老年人的需求推出灵活多变的长期照护服务提供模式，最大限度利用有限资源提供优质的服务，尤其是农村养老机构，需要加大力度建设，加强管理。引进高素质技术服务人才，加强在岗人员的培训，优化服务技术人员的队伍结构，加强服务环节质量，重视入住老人的需求，全面提升服务质量。

4 结论与主要创新

4.1 结论

①湖南省的养老机构提供的长期照护服务现状，存在医疗服务不足、床位利用率不高的问题，需重点建设医养结合类型养老机构，扩大养老机构的医疗服务覆盖面，提高医疗服务水平。

②湖南省从事长期照护服务的技术人员存在年龄偏大、受教育程度不高、队伍不稳定等问题，应加强管理，提升在岗服务技术人员的素质，并加大力度引进高素质人才，提升服务技术人员队伍整体素质。

③入住机构的老年人对长期照护服务整体表示满意，服务需求主要集中在医疗护理服务、日常生活照料、心理支持、文化娱乐活动4个方面。

④老年人的健康状况，45.3%的老年人认为自己健康状况一般，89.46%的老人在调查前半年内患有慢性病，其中27.42%的老年人患有高血压、12.6%的老年人患有乙型病毒性肝炎、12.25%的老年人患有冠心病；62.43%的老人患有3种以上疾病，31.16%的老人患有2种疾病。

⑤入住养老机构的老年人医疗服务需要与利用，调查前两周患病率为27.2%，其中城市养老机构入住老年人两周患病率为29.2%；农村养老机构入住老人两周患病率为19.4%，养老机构入住老人两周患病率城市高于农村；调查前两周就诊情况，入住老人两周就诊率为84.7%，城市养老机构入住老人两周就诊率为86.6%；而农村养老机构入住老人两周就诊率为73.0%，城市养老机构入住老人在就医积极性方面高于农村养老机构入住老人；老年人应就诊而未就诊原因是自己买药治疗、自感病轻和家人没有时间陪护；养老机构外医疗机构就诊原因主要是医疗功能不齐全和医疗技术差的问题；老年人调查前一年住院率为51.3%。

⑥构建了5个一级指标、27个二级指标和73个三级指标的养老机构长期照护服务质量综合评价指标体系。

⑦构建的养老机构长期照护服务质量综合评价指标体系能从管理结构规范性、基础服务质量、医疗服务、心理社会支持和老年人健康管理质量5个维度综合反映长期照护服务质量，该指标体系总体上体现科学性和可行性，并且结果的关联性较好，能够用于养老机构长期照护服务质量综合评价，具有较好的应用价值。

4.2 主要创新

①本研究率先采取定量和定性研究，多角度针对城市和农村养老机构的长期

照护服务现状进行了全面研究，对湖南省提供长期照护的41家养老机构进行调查，并对养老机构管理人员就长期照护进行定性访谈研究，全面分析了湖南省长期照护服务现状。该部分研究成果为2017年“湖南省利用世界银行贷款开展老年人长期照护服务体系建设项目”提供了科学依据。对于评估我国养老机构的长期照护服务现状具有较好的参考价值。

②本研究率先对城市和农村养老机构入住老年人卫生服务需求与利用进行了全面调查研究，对老年人的健康状况、两周患病情况、两周就诊情况、应就诊而未就诊原因、养老机构外医疗机构就诊原因和情况、住院情况及医疗服务利用影响因素进行了分析。为湖南省医养结合型养老机构尤其是农村现代养老机构的建设提供了科学依据，为我国养老机构的结构调整提供了改革思路。

③本研究率先构建了一套养老机构长期照护服务质量综合评价指标体系，并对其进行实证研究。最终建立养老机构长期照护服务质量综合评价指标体系，对服务优劣提供综合评价标准，该部分关于养老服务技术人员中养老护理员的研究成果为2019年国家人力资源与社会保障部和民政部联合制定的《养老护理员国家职业技能标准（2019年版）》提供了各级养老护理员技能要求的科学依据，为监管部门提供可行性测量工具。

4.3　进一步研究方向

①由于本研究以湖南省为研究现场，所得评价指标体系可能与其他省份实际情况存在差异，如需在全国范围内推广应用，还应在更多的地区进行后续研究以检验指标体系的有效性。

②拟针对服务质量的影响因素进行进一步探讨，为养老机构长期照护服务质量管理与检测提供依据。

参考文献

［1］ 孙聪. 福利多元主义视角下养老机构服务质量研究：以秦淮区养老机构为例［D］. 南京：南京师范大学，2019：4.

［2］ 黄岩松，李敏. 老年健康照护［M］. 武汉：华中科技大学出版社，2017：1.

［3］ EVASHWICK，CONNIE J. The continuum of long-term care ［M］. CT：Cengage Learning，2005：3.

［4］ Report of a WHO study group：home-based long-term care［R/OL］.（1999-12-05）［2021-03-26］. http：//whqlibdoc. who. int/trs/WHO-TRS_898. pdf.

［5］ RIE F，FRANCESCA C. The long-term care workforce：overview and strategies to adapt supply to a growing demand ［R/OL］.（2009-03-17）.［2021-03-26］. https：//www. onacademic. com/detail/journal_1000032449256710_292f. html.

［6］ SANTERRE RE，NEUN SP. Health economics：theories，insights，and industry studies［M］. Mason：Cengage Learning，2009：499.

［7］ 娄方丽，尚少梅. "Long-term care"概念辨析［J］. 护士进修杂志，2012，27（22）：2035-2037.

［8］ 李星欣. 我国老年护理供求测算与长期护理制度建设［D］. 广州：中山大学，2010：1.

［9］ 范亚欧. 我国长期护理保险问题研究［D］. 长春：吉林大学，2011：3.

［10］ 康昊昱. 上海市商业长期护理保险发展模式研究［D］. 上海：复旦大学，2010：5.

［11］ 吕津. 中国城市老年人口居家养老服务管理体系的研究［D］. 长春：吉林大学，2010：12.

［12］ 邬沧萍. 老年人长期照料护埋的社会政策和产业开发刍议［M］. 北京：华龄出版社，2001：26.

［13］ 薛梦飞. 我国失能老人长期照护服务研究［D］. 上海：华东政法大学，2019：6.

［14］ FREDICRIC W. Regulation of cost and quality of service as illustrated by street railway companies ［J］. Annals of the American academy of political and social science，1900，12：63-76.

［15］ 孙振球. 医学统计学［M］. 北京：人民卫生出版社，2005.

［16］ 李映兰，卢桂珍. 老年健康照护［M］. 长沙：中南大学出版社，2008：4.

［17］ 李敏. 老年护理的理论与应用研究［M］. 成都：四川科学技术出版社，2019：8.

［18］ 2018 年世界各国人口总数：2018 年全球人口数量［EB/OL］.（2019-12-02）［2021-03-01］. https：//www. renkou. org. cn/world/general/2019/165387. html.

[19] 吕研. 发达国家应对白色浪潮的新媒体策略及其对中国的启示[D]. 哈尔滨:哈尔滨工业大学,2011:6.

[20] 李冬梅 ,王先益,戴小青. OECD 国家长期照护服务现状分析[J]. 辽东学院学报(社会科学版),2013,15(3):113-116.

[21] 国家统计局,中华人民共和国 2019 年国民经济和社会发展统计公报. [EB/OL]. (2020-02-28) [2021-03-01]. http://www. stats. gov. cn/tjsj/zxfb/202002/t20200228_1728913. html.

[22] 孙建娥,王慧. 城市失能老人长期照护服务问题研究:以长沙市为例[J]. 湖南师范大学社会科学学报,2013,6:69-75.

[23] 李志宏. 中国人口老龄化问题及应对策略[J]. 紫光阁, 2016(10):50-52.

[24] 张娟,周建芳. 我国失能老人家庭照护支持及其影响因素研究[D]. 南京:南京邮电大学,2019:4.

[25] 潘金洪,帅友良,孙唐水,等. 中国老年人口失能率及失能规模分析:基于第六次全国人口普查数据[J]. 南京人口管理干部学院学报,2012,28(4):3-6.

[26] 宁欣. 城镇失能老人长期照护问题研究[D]. 西安:西安理工大学,2019:4.

[27] 薛梦飞,郭秀云. 我国失能老人长期照护服务研究[D]. 上海:华东政法大学,2019:6.

[28] 陈娜,王长青. 独居失能老人未满足照料需求及影响因素分析[J]. 现代预防医学,2020,47(1):65-68.

[29] 孙金明. 中国失能老人照料需求及照料满足感研究:基于中国老年健康影响因素跟踪调查[J]. 调研世界,2018(5) : 25-31.

[30] 石小盼,张会君,隋佳,等. 辽宁省农村独居失能老人长期照护模式选择意愿及其影响因素分析[J]. 现代预防医学,2016,43 (24) : 4467-4470.

[31] 李敏. 临终关怀[M]. 南京:南京大学出版社,2017:12.

[32] 张玉胜. 养老院拒收“失能老人”拷问社会保障[J]. 人才资源开发,2012,11:70-71.

[33] MIN L, HUILAN X. Comparative analysis of assessment of long-term care quality for the elderly between China and western countries[J]. Journal of international medical research, 2019, 7: 1.

[34] 陆薇. 河南省老年人口失能现状及对养老服务体系建设的影响[J]. 兰州教育学院学报,2020,36(1):41-44.

[35] WANG J, TAYLOR A W, ZHANG T, et al. Association between body mass index and all-cause mortality among oldest old Chinese [J]. The journal of nutrition, health & aging, 2018, 22(2) : 262-268.

[36] 魏红艳, 范巧菊, 于俊娟. 长期护理对老年病人生活质量的影响[J]. 黑龙江医药科学,2010,33(6):91-92.

[37] 李敏,徐慧兰,康丹,等. 老龄化背景下医养结合模式的研究现状[J]. 中华现代护理杂志,2017,23(4):445-446.

[38] 李敏,徐慧兰. 老年护理人才存在的问题及对策[J]. 长沙民政职业技术学院学报,2016,23(4):99-100.

[39] 湖南省统计局. 湖南统计年鉴 2019[EB/OL]. (2020-01-13)[2021-03-01]. http://222.240.193.190/19tjnj/indexch.htm.

[40] 王玉环,刘艳慧. 新疆石河子市失能老年人养老模式选择及影响因素[J]. 中国老年学杂志,2010,30:3351-3352.

[41] 潘昭佑. 云南民族地区养老模式研究[D]. 昆明:云南大学,2010:11.

[42] 蒋雯雯. 长沙市养老服务体系建设研究[D]. 长沙:湖南师范大学,2012:6.

[43] 刘晓静,张继良. 中国养老服务体系建设的理念、路径及对策[J]. 河北学刊,2013,33(22):123-127.

[44] KANE R. L, HUCK S. The implementation of the ever care demonstration project [J]. Journal of the American geriatrics society, 2000, 44: 218-228.

[45] 冯晓娟. 我国养老服务发展状况与社会工作介入分析[J]. 理论与现代化,2013,1:72-75.

[46] 邓荆云,朱宏梅,杨军,等. 中国及瑞典老年护理医院从业人员知识与态度比较[J]. 中国老年学杂志,2012,32:5237-5239.

[47] 安力彬,李文涛,谢书红,等. 中国人口老龄化背景下养老护理的可持续发展[J]. 中国老年学杂志,2012,32:5095-5097.

[48] 张若漪. 机构养老现状调研:以武汉市某区为例[J]. 智库时代,2020,2:159-160.

[49] 和丽芬,迟昕美. 供给侧结构性改革背景下养老服务人员队伍建设研究[J]. 中国经贸导刊,2019, 11:164-165.

[50] 熊华. 医养结合背景下绵阳市养老机构管理者现状及对策分析[J]. 中国老年保健医学,2018, 16(5):82-85.

[51] JULIANA T, GLENDA C,ROBBIE D. Experiences and views of nursing home nurses in England regarding occupational role and status[J]. Social theory & health,2016,14(3): 372-392.

[52] JAMIE Z, SUSAN D, SUSAN M S. Promoting resident and family councils: a pilot evaluation[J]. Working with older people,2016,20(2):101-109.

[53] ESTER R, ESTHER C, CARME A,et al. Risk factors related to the admission of people with dementia into a long-term care institution in Spain: an explorative study[J]. Ageing and society,2018,38:192-211.

[54] 郑佳映,张英,陈雪萍,等. 293 名养老机构养老护理员组织承诺和职业环境相关性分析[J]. 护理学报,2019, 26(24):28-31.
[55] KLEIN T, SALASKE I, SCHILLING H, et al. Residents of homes for the aged in Germany: characteristics of social structure and choice of nursing home[J]. Gerontol geriatr, 1997,30(1):54-67.
[56] DIANA J T. Health and social service utilization patterns of Mexican American older adults[J]. Journal of aging studies, 1998, 12(1):83-99.
[57] HERIBERT R, NORBERT SL, HERMANN B. Hospitalizations among nursing home residents in Germany: a retrospective cohort study[J]. Biometrical journal, 2004,46(1):118.
[58] MADDEN K, WALDO M, CLEETER D. The specialized role of the RN in the program of all-inclusive care for the elderly (PACE) interdisciplinary care team[J]. Geriatric nursing, 2014,35(3):199-204.
[59] 张仁伟,刘树仁. 我国农村贫困地区医疗服务利用及影响因素的通径分析[D]. 长沙:湖南医科大学,1999:6.
[60] 孙熠,姜丽萍. 居家、机构照护模式下失能老年人的卫生服务利用分析[D]. 温州:温州医科大学,2014:4.
[61] 叶飘,鲍捷. 不同医养结合方式养老机构老年人卫生服务利用比较分析[J]. 中国医院,2019,23(2):30-33.
[62] 蒋芳凡. 张家港市养老机构服务现状及入住老人卫生服务研究[D]. 长沙:中南大学,2016:5.
[63] STEVE M. The relativity of theory: applying theories of social psychology to illuminate the causes of the abuse of older people in care homes[J]. The journal of adult parotection,2019,21(2): 89-102.
[64] CLAIRE H , SUE T , JANE H, et al. Specialist healthcare services for UK care home residents: a latent class analysis[J]. Primary health care research & development,2019,20(e132): 1-8.
[65] TAMARA B, BRIDGET P, RICHARD G, et al. Questionable practices despite good intentions: coping with risk and impact from dementia: related behaviours in care homes[J]. Ageing & society,2018,38: 1933-1955.
[66] 杨宇航,韩闻文,汤莉娅. 长春市养老机构康复服务供给现状研究[J]. 中国康复医学杂志,2020, 35(3):333-336.
[67] 李爽,张琪,陈静. 医养结合背景下失能老人养老现状及研究进展[J]. 临床医药文献杂志,2018, 5(84):193.
[68] CAROLINE M, THOMAS T. Formal and informal long term care work: policy conflict in a liberal welfare state[J]. International journal of sociolo-

gy and social policy ,2017,37:134-147.

[69] CHRISTINA W,LIN G, SHULIN C, et al. Care services for elderly people with dementia in rural China: a case study[J]. Bull world health organ,2016,94:167-173.

[70] DONABEDIAN A. Quality of care:problems of measurement. II. some issues in evaluating the quality of nursing care[J]. American journal of public health and the nations health,1969,59(10):1833-1834.

[71] DONABEDIAN A. Evaluating the quality of medical care[J]. The milbank memorial fund quarterly,1966,44(3):166-203.

[72] BRITTNEY A, FRANKEL BA,TARA F,et al. A cross-sectional assessment of the quality of physician quality reporting system measures[J]. Journal of general internal medicine,2016, 31(8):840-845.

[73] 刘定刚,王净,蒋月萍,等.重庆市城市养老机构失能、半失能老年群体长期照护现状[J]. 中国老年学杂志,2020, 40(2):431-433.

[74] 张云英,胡潇月.城市失能老年人长期照护体系研究综述:基于2002—2015年国内外文献研究[J].湖北经济学院学报,2016, 14(4):80-85.

[75] 陈俊羽,徐桂华.养老机构长期照护服务体系研究进展[J].齐鲁护理杂志,2015, 21(13):53-54.

[76] JUNKO S,MAHO H, AIRI A,et al. Community-based care for healthy ageing: lessons from Japan[J]. Bull world health organ, 2019,97:570-574.

[77] JAYADEVAPPA R,CHATRE S,JOHNSON J C,et al. Variation in quality of care among older men with localized prostate cancer[J]. A cancer journal for clinicians,2011,117(11):2520-2529.

[78] REBECCA J H, ARVIN P, ADELAIDE L,et al. "If they don't use it, they lose it": how organizational structures and practices shape residents' physical movement in care home settings[J]. Ageing and society,2018,38:1817-1842.

[79] STEVE M, PAT S, AMANDA C,et al. "They're just who they've always been": the intersections of dementia, community and selfhood in Scottish care homes [J]. Ageing and society,2018,38:1063-1082.

[80] MEREA D B, JENNIFER A M. Adopting a multilevel approach to protecting residents' rights to sexuality in the long-term care environment:policies, staff training, and response strategies [J]. Sex research social policy,2017,14:359-369.

[81] MARTINA O, JOACHIM M, ELIAS M. Analysis of end-of-life care,out-of-pocket spending, and place of death in 16 European countries and Israel

[J]. Health affairs,2017,7:1201-1210.

[82] NICK S, ANN-MARIE T, SINEAD P,et al. Being occupied: supporting "meaningful activity"in care homes for older people in England[J]. Ageing and society,2018,38:2218-2240.

[83] 翟文雅. 南京市鼓楼区四家民营养老机构长期照护服务现状调查研究[D]. 南京:南京医科大学,2019:5.

[84] 王喜梅,严玉梅,申敏,等. 健康中国背景下湖南西部地区医养结合社会养老服务现状调查与对策研究:基于对怀化"医养结合"社会养老服务现状的调查[J]. 劳动保障世界,2019,11:31-32.

[85] LEE W L,CHEN C W,CHEN T H,et al. The relationship between consumer orientation service value, medical care service quality and patient satisfaction: the case of a medical center in southern Taiwan[J]. African journal of business management,2010,4(4):448-458.

[86] KAMO N,DANDAPANI S V,MIKSAD R A,et al. Evaluation of the SCA instrument for measuring patient satisfaction with cancer care administered via paper or via the internet[J]. Annals of oncology,2011,22(3):723-729.

[87] NANCY D,ISIS M. ANA publishes second monograph on national database of nursing quality indicators program (NDNQI)[M]. Washington, D. C. :Targeted News Service,2009:11.

[88] 崔金锐,陈英. Donabedian 结构-过程-结果模式在护理敏感性质量指标构建中的应用进展[J]. 护理研究,2015,29(3):769-772.

[89] SAYYED M S, HASSAN A G,BAHRAM D. Proposing a model of "hospital value-based purchasing" in selected teaching hospitals in Isfahan, Iran:2015—2016[J]. Iranian red crescent medical journal,2017,19(12):1-7.

[90] WORLD HEALTH ORGANIZATION. 65th World health assembly closes with new global health measures[EB/OL]. (2012-05-26)[2021-04-08]. http://www. who. int/mediacentre/news/releases/2012/wha65 _ closes _ 20120526/en/.

[91] 李巍. 老年服务业评价指标体系的构建与应用:以大连市为例[D]. 大连:东北财经大学,2014:6.

[92] 叶文琴,朱建英. 现代医院护理管理学[M]. 上海:复旦大学出版社,2004:73-118.

[93] 郭红艳,王黎,彭嘉琳,等. 养老机构服务质量评价指标体系的构建[J]. 中华护理杂志,2014,49(4):394-398.

[94] MARY T F, HUGH M, SOURAYA S, et al. The relationships between the geriatric practice environment, nursing practice, and the quality of

hospitalized older adults' care[J]. Journal of nursing scholarship, 2018,50(5):513-521.

[95] SHIN J H. Why do we require registered nurses in nursing homes? using longitudinal hierarchical linear modeling[J]. Journal of nursing scholarship, 2018, 50(6):705-713.

[96] MARJAN A, PETER C W, SAIED E, et al. Assessing quality of care of elderly patients using the ACOVE quality indicator set: a systematic review[J]. Plos one, 2011, 6(12): 1-7.

[97] LINDSAY S D , SUSAN E S, JONES C, et al. Affirming the value of the resident assessment instrument: minimum data set version 2.0 for nursing home decision-making and quality improvement[J]. Healthcare, 2015, 3: 659-665.

[98] JAIME W, THOMAS H, OMEED O G , et al. An evaluation of a person: centred care programme for long-term care facilities[J]. Ageing and society, 2015, 35:457-488.

[99] 郭红艳,彭嘉琳,雷洋,等. 美国养老机构服务质量评价的特点及启示[J]. 中华护理杂志,2013,48(7):652-654.

[100] INTERRAI. InterRAI long-term care facilities (LTCF) assessment form and user's manual, (Standard English Edition), 10.0. [EB/OL]. (2021-01-01)[2021-01-18]. https://catalog.interrai.org/LTCF-long-term-care-facilities-manual-standard-english-10.0.

[101] The Joint Commission. Interpreting joint commission standards: FAQs [EB/OL]. (2015-01-23)[2021-02-26]. http://www.jointcommission.org/about_us/history.aspx.

[102] EVA D, DANICA R P. Frailty assessment scales for the elderly and their application in primary care: a systematic literature review[J]. Zdr varst, 2019;58(2):91-100.

[103] GLASS A P, BUTLER D Q. Health literacy and older adults[J]. Journal of the American geriatrics society, 2010, 58(1):152-153.

[104] WAGNER C, VANDER W G, GROENEREGEN P P, et al. The effectiveness of quality systems in nursing homes: a review[J]. Qual health care, 2001, 10(4): 211-217.

[105] DAVID B, CHRISTINE S, CHARLES R, et al. Interventions to reduce ageism against older adults: a systematic review and meta-analysis [J]. American journal of public health public health, 2019, 109:1-9.

[106] Accreditation Canada. COVID -19 resources[EB/OL]. (2015-01-23)[2021-02-

23]. http://www.internationalaccreditation.ca/en/home.aspx.

[107] Australian Government. ISQua accreditation[EB/OL]. (2019-10-18)[2021-01-02]. https://www.agedcarequality.gov.au/about-us/isqua-accreditation.

[108] IRINA P, ILYA G, EVGENY M, et al. Wellbeing assessment yardstick: evidence from the elderly wellbeing across Russian subnational macro-regions [J]. Metodoloski zvezki, 2019, 16(2): 21-35.

[109] CHEN Y, FEELEY T H. Social support, social strain, loneliness and well being among older adults: an analysis of the health and retirement study[J]. Journal of social and personal relationships, 2014: 31(2), 141-161.

[110] ELLIOT A J, MOONEY C J, DOUTHIT K Z. et al. Predictors of older adults' technology use and its relationship to depressive symptoms and well-being[J]. Journals of gerontology-series B: psychological sciences and social sciences, 2014: 69(5), 667-677.

[111] GRIGORYEVA I, SIDORENKO A. Eldercare in transition (s): the special case of Russia[J]. International journal of care and caring, 2019, 3(1): 59-73.

[112] KAHLBAUGH P, HUFFMAN L. Personality, emotional qualities of leisure and subjective well-being in the elderly[J]. International journal of aging and human development, 2017, 85(2): 164-184.

[113] MACLEOD A K. Well-being: objectivism, subjectivism or sobjectivism[J]. Journal of happiness studies, 2015, 16(4): 1073-1089.

[114] SIDORENKO A. Challenges and opportunities of population aging in the CIS countries[J]. International journal on ageing in developing countries, 2016, 1(1): 20-39.

[115] 黄方超，王玉环. 社区-居家式老年人长期照护评价指标体系的研究[J]. 中华护理杂志. 2011，46(4)：388-391.

[116] 陈之莹，陈旭，常哲卿. 构建我国社区养老服务质量第三方评价制度[J]. 质量与认证，2020，3：52-54.

[117] 刘冰，孙学明. 医养结合的社区居家养老服务质量研究[J]. 教育教学论坛，2020，3(13)：110-111.

[118] 香港老年学会，香港安老院舍评审计划. 评审标准 RACAS 40：2014[S]. 香港：国际健康照护品质协会，2014：1.

[119] 沈理，王娜娜，刘佩玉，等. 基于社区居家养老视角对 120 例失能老人护理需求的调查研究[J]. 重庆医学，2020，1：1-6.

[120] 王净，刘定刚，肖瑶. 失能老人对家庭照护者的不利影响及对策[J]. 中国老年学杂志，2018，38(15)：3824-3826.

[121] 毛智慧，李魏，孙晓婷. "喘息服务"对失能老人及其照护者生活质量和照护负

担的影响[J]. 护理研究，2018，32(19)：3098-3100.
[122] 庄绪荣，张丽萍. 失能老人养老状况分析[J]. 人口学刊，2016，38(3)：47-57.
[123] 李晔. 失能老人生活质量调查及社区资源需求与利用研究[D]. 北京：中国人民解放军医学院，2015：4.
[124] 王玉环，黄方超. 应用层次分析法确定社区-居家式老年人长期照护评价指标权重[J]. 中国老年学杂志，2013，33：2616－2619.
[125] 柳璐，张红艳，史诺. 国际老年长期照护服务递送的研究[J]. 医学与哲学，2013，34(10A)：38-40.
[126] 曹培叶. 护理院失能老年人长期照护需求评估量表的编制与初步应用研究[D]. 重庆：重庆医科大学，2018：5.
[127] 罗云婷，张一敏. 台湾老人长期照护机构养老服务质量评价及启示[J]. 中国护理管理，2017，7(1)：115-117.
[128] 李琦. 上海市长期护理服务质量研究[D]. 上海：华东师范大学，2018：5.
[129] 皮红英，彭培培，苏清清，等. 失能老年人长期照护质量评价指标体系的构建[J]. 中华护理杂志，2018，53(9)：1110-1114.
[130] 刘晓辉. 护理院失能老年人长期照护服务质量评价指标体系的构建与应用[D]. 重庆：重庆医科大学，2019：4.
[131] 中华人民共和国国家标准. 养老机构服务质量基本规范：GB/T35796－2017[S]. 北京：中华人民共和国国家质量监督检验检疫总局，2017：12.
[132] 民政部. 民政部等六部门印发关于开展养老院服务质量建设专项行动的通知[EB/OL].（2017-03-22）[2021-02-23]. http://www. mca. gov. cn/article/zwgk/mzyw/201703/20170300003819. shtml.
[133] 刘畅. 我国养老服务体系的构建：基于系统论的视角[J]. 兰州商学院学报，2010，26(1)：87-97.
[134] 熊勇清. 管理学[M]. 长沙：湖南人民出版社，2010，9：36.
[135] 李敏，任小红. 湖南省某三级甲等医院内科系统一级护理内容和工时的研究[D]. 长沙：中南大学，2008，5.
[136] 张红卫，刘红燕. 系统论视域下推进养教结合老年教育的路径与对策[J]. 职业教育，2018，17(11)：47-49.
[137] 顾静，邓力，吕婷茹. 系统论视角下我国养老服务体系研究[J]. 劳动保障世界，2013，4：19-20.
[138] ELENA R，TATIANA I，KENNON S. Comparing the effects of low-level and high-level worker need satisfaction：a synthesis of the self-determination and Maslow need theories[J]. Motivation and emotion，2016，4：541-555.
[139] SHIRCORE R，LADBURY P. From service delivery to solution delivery：commissioning for health improvement[J]. Perspectives in public health，2009，129

(6):281-286.
[140] 穆金桃. 马斯洛需求理论在老年公寓老人日常护理中的体现[J]. 中国社区医师,2012,14(327):259.
[141] JOHN Z,AYANIAN M D, HOWARD M. Donabedian's lasting framework for health care quality[J]. The new England journal of medicine,2016,375:205-207.
[142] LITERATI A. A European project assessing the appropriateness of hospital utilization: background, objectives and preliminary results[J]. Imitational journal for quality in health care,1995,7(3):187-199.
[143] CODDINGTON D, MOORE K D. Quality of care as a business strategy: how customers define quality and how to archest[J]. Health care forum,1987, 30(2):29-32.
[144] JORDAN M, LEE R, FEMI A. Association of clinical decision support systems on process of care measures and quality outcomes for patients with heart failure[J]. Academy of information and management sciences journal, 2014 ,17(2):99-109.
[145] ROB A B, HANS E, EMIEL V T, et al. Relationships between context, process, and outcome indicators to assess quality of physiotherapy care in patients with whiplash-associated disorders: applying Donabedian's model of care [J]. Patient preference and adherence, 2020,14:425-442.
[146] HUI D,ELSAYEM A, De LARUZ M, et al. Availability and integration of palliative care at US cancer centers[J]. Journal of the American medical association,2010,303(11):1054—1061.
[147] FRIGOLA E ,ROSSELL C ,GENS M ,et al. Quality indicators for patient safty in primary care. A review and Delphi-survey by the LINNEAUS collaboration on patient safety in primary care[J]. European journal of general practice, 2015,21(s1):31-34.
[148] 王翠琴,黎民. 农民工医疗保险评估指标体系的构建[J]. 统计与决策, 2009,25(2):23-25.
[149] 陈伟,王忠,刘梦明,等. 新疆某三级甲等综合医院临床科室医疗服务质量评价体系的建立[J]. 郑州大学学报(医学版),2013,48(6):795-799.
[150] 黄天雯,陈晓玲,谭运娟,等. 疼痛护理质量指标的建立及在骨科病房的应用[J]. 中华护理杂志,2015,50(2):148-151.
[151] 刘敏杰,张兰凤,叶赟,等. 结构—过程—结果模式在护理质量评价中的应用进展[J]. 中华护理杂志,2013,48(4):371-374.
[152] 刘林霞,张玉侠,吕天婵,等. 新生儿危重症护理管理质量评价指标体系的初

步构建[J]. 中国循证儿科杂志,2016,11(4):251-258.
[153] 祝志梅,黄丽华,冯志仙,等. 产科护理质量敏感性指标的构建[J]. 中华护理杂志,2016,51(5):573-577.
[154] 王锦泓. 湖南省食品安全指数综合评价模型研究[D]. 长沙:中南大学,2013:5.
[155] 徐匡根. 江西省食品安全现状及基层食品安全监管能力评价模型研究[D]. 长沙:中南大学,2018:12.
[156] 周晓容. 成都市长期照护保险试点背景下居家照护服务质量评价指标体系构建及实证研究[D]. 成都:成都中医药大学,2019:5.
[157] 冯晟. 医养融合发展背景下养老服务机构的人文管理研究[J]. 江苏科技信息,2019,22:78-80.
[158] 杨甜甜,谢菲,杨燕妮. 7 所农村养老机构老人满意度及影响因素的调查报告[J]. 安徽卫生职业技术学院学报,2019,18(3):153-154.
[159] 李鲁. 社会医学[M]. 5 版. 北京:人民卫生出版社,2017:7.
[160] 庞庆泉,蒋玲玉. 百色市右江区养老机构现状及对策[J]. 中国经贸导刊,2020,1:132-135.
[161] 宁波颐乐园. 入住条件[EB/OL]. (2018-01-25)[2021-03-02]. http://www.nbyly.com/index.php? s=/News/ruzhusd/id/31/qid/14.html.
[162] 陈江芸. 健康老龄化背景下医养结合模式及老年人健康保障研究[D]. 武汉:华中科技大学,2019:5.
[163] 戴卫东,金素怡. 上海市失能老人长期护理服务的满意度及其影响因素[J]. 残疾人研究,2019,3:30-38.
[164] 于竞宇,符志能. 我国养老机构的老年宜居环境管理:研究现状及未来研究方向[J]. 河南科学,2020,38(2):337-344.
[165] 中华人民共和国中央人民政府. 国务院关于加快发展养老服务业的若干意见[EB/OL]. (2013-09-13)[2021-04-02]. http://www.gov.cn/zhengce/content/2013—09/13/content_7213.htm.
[166] 中华人民共和国中央人民政府. 民政部、国家发展改革委印发民政事业发展第十三个五年规划 [EB/OL]. (2016-07-06)[2021-04-02]. http://www.gov.cn/xinwen/ 2016—07/06/content_5088745.htm.
[167] 徐翠,吴培香,于莉,等. 医养结合理念下延续护理在养老机构中的研究现状[J]. 护理研究,2020,34(3):482-485.
[168] 郭晶,陈凌玉,王飞,等. 浙江省养老机构护理员队伍建设研究[J]. 浙江医学教育,2015,14(4):19-21.
[169] 李敏,彭芳,颜丽霞,等. 实施康乐活动教学效果研究[J]. 中国医药科学,2017,7(18):26-28.
[170] 于敬竹. 养老服务人员存在问题及对策分析 :以隆化县 S 机构为例[D]. 保

定:河北大学,2019:5.
[171] 张婷.张家港市农村老年人养老服务需求与养老意愿的研究[D].长沙:中南大学,2016:5.
[172] MELANIE A,RALF S,ALEXANDER S,et al. The German social long-term care insurance:structure and reform options[J]. IZA discussion paper ,2007,2:2625.
[173] JULIE R, EMILY L, MARY L,et al. A health economic model for the development and evaluation of innovations in aged care:an application to consumer-directed care:study protocol[J]. British medical journal ,2014,8:1-6.
[174] 司明舒.老年人医养结合机构模式选择与服务供需研究[D].济南:山东大学,2019:5.
[175] 郭海霞.西安市失能老人长期照护需求与保障研究[D].西安:西北大学,2019:5.
[176] 曹煜玲. 中国城市养老服务体系研究:以大连市为调查分析样本[D].大连:东北财经大学,2011:6
[177] 徐波. 南京市区老年人卫生服务现况和对策研究[D]. 南京:东南大学,2010:5.
[178] 郭斌,程怀志,谢欣,等.大庆市中老年人卫生服务需求与利用的影响因素研究 [J].医学与社会,2019,32(3):45-48.
[179] 丁一.我国失能老人长期照护模式构建研究[D].上海:复旦大学,2014:12.
[180] 蔡溢,杨洋,殷红梅.基于 ROST 文本挖掘软件的贵阳市城市旅游品牌受众感知研究[J].重庆师范大学学报(自然科学版),2015,32(1):126-131.
[181] 孙振球,王乐三.综合评价方法及其医学应用[M].北京:人民卫生出版社,2014,10:26-105.
[182] 高永,王玖,石德文.加权 TOPSIS 法综合评价在 Excel 中的实现[J].中国卫生统计,2007,24(4):428-429.
[183] 人力资源和社会保障部办公厅,民政部办公厅两部门颁布实施《养老护理员国家职业技能标准(2019 年版)》[EB/OL].(2019-10-17)[2020-09-02]. http://www.gov.cn/xinwen/2019－10/17/content_5440977.htm.
[184] STAFFAN K, ANNA K E, ALBERT W,et al. Older people receiving public long-term care in relation to consumption of medical health care and informal care[J]. The open geriatric medicine journal, 2008, 1:1-9.
[185] RAPHAEL W,JULIETTE M. Financing long-term care for older people in England.[J]. Ageing horizons,2007, 6:28-32.
[186] RUTH H, RAPHAEL W, LINDA P, et al. Paying for long-term care

for older people in the UK: modelling the costs and distributional effects of a range of options[J]. Personal social services research unit, 2007, 4: 2336.

[187] MEYRICK J D. The Delphi method and health research[J]. Health education journal, 2003, 103(1): 7-16.

[188] HASSON F, KEENEY S, MEKENN H. Reasearch guide lines for the Delphi survey technique[J]. Journal of advanced nursing, 2010, 32(4): 1008-1015.

[189] CHARLENE S B, GAYLE M, SHARON M, et al. A modified Delphi and cross-sectional survey to facilitate selection of optimal outcomes and measures for a systematic review on geriatrician-led care models[J]. Journal of clinical epidemiology, 2019, 109: 117-224.

[190] BIGGANE A M, BRADING L, RAVAUD P, et al. Survey indicated that core outcome set development is increasingly including patients, being conducted internationally and using Delphi surveys[J]. Trials, 2018, 19: 113.

[191] 钟颖. 我国城乡养老机构运营效率的省际差异时空分析[J]. 安庆师范大学学报(社会科学版), 2019, 39(3): 79-86.

[192] 黄丹丹. 养老机构失能老年人心理弹性、社会支持与睡眠质量的相关性研究[D]. 沈阳: 辽宁中医药大学, 2019: 6.

[193] 吴梦莲. 基于 Rowe&Kahn 模型的城乡养老机构成功老龄化现状及相关因素研究[D]. 济南: 山东大学, 2018: 5.

附录

附录 A　湖南省养老机构长期照护服务现状及服务质量综合评价指标体系专家咨询评议表

尊敬的各位专家：

您好！首先对您给予这次研究课题的支持表示感谢！本次不记名调查旨在研究养老机构长期照护服务质量综合评价体系。您的回答仅供研究者进行统计分析之用，对于各项题目的回答无所谓对与错，也不涉及任何个人隐私，更不会对您的工作有任何影响。同时我们承诺对所有资料保密。因此，您回答的真实性对于我们研究的准确性十分重要。请您根据填表说明进行填写，不要缺项，以免影响问卷的完整性和有效性。感谢您的支持！

再次向您表示感谢！并期待您为我们的课题提供宝贵的建议！

祝您：身体健康，工作顺利，万事如意！

《湖南省养老机构长期照护服务现状及服务质量综合评价指标体系研究》
课题组
2330692557@qq.com
年　月　日

第一部分　专家基本信息

专家基本信息问卷

1. 姓名：________；性别：①男　②女；　年龄：________岁
2. 工作单位：________________
3. 您的最高学历：
   ①学士以下　②学士　③硕士　④博士
4. 至今，您的工龄有________年，您从事养老服务________年，您从事养老服务管理________年，您从事养老服务研究________年。
5. 您的专业技术职称________，职务为________
6. 您目前主要研究的专业领域是（可多选）：
   ①养老服务　②老年医学　③老年护理　④长期照护　⑤ 养老服务管理　⑥其他 ______________
7. 您对长期照护养老服务质量的综合评价指标的熟悉程度：
   ①很熟悉　②熟悉　③一般　④不太熟悉　⑤不熟悉
8. 您的联系方式：
   ①通信地址：____________________________________
   ②联系电话：____________________________________
   ③E-mail：______________________________________

第二部分　评价指标体系

填表说明（一）

1. 本指标体系旨在建立养老机构长期照护服务质量综合评价指标体系。

2. 本次咨询将有 4 个表格需要您的填写。

3. 可以增加、修改指标，新指标要求填写相应的内容；修改在各表的空格中进行，并简单说明理由。

4. 指标的重要性（1～10 分）：指该指标的重要程度和代表性。10 分为非常重要，1 分为极不重要。

5. 指标的可操作性（1～10 分）：指该指标在实际评估工作中，获取该指标信息的难易程度以及该指标的可信程度。10 分为非常容易操作，1 分为极不容易操作。

6. 指标的敏感性（1～10 分）：即该指标在不同时期、不同地区间均具有很好的区分度，即灵敏度。10 分为非常敏感，1 分为极不敏感。

7. 熟悉程度：是指专家对具体指标的含义、内容等的熟悉程度。A，B，C，D 和 E 分别代表很熟悉、较熟悉、一般、不太熟悉和不熟悉。

8. 判断依据：是指专家对具体指标的重要性等特征进行判断的主要依据。A，B，C，D 和 E 分别代表理论分析、实践经验、向同行了解、直觉和不知道。

表 A-1　重要性、可操作性和敏感性三者分值分配表

请您对重要性、可操作性和敏感性三者分值分配，假如以总分 100 分为标尺，您认为在选择指标的过程中，对于指标的重要性、可操作性、敏感性应当如何进行分值分配较为合理。

指标特征	分值
重要性	分
可操作性	分
敏感性	分
总分	100 分

表 A-2　一级指标评价表

指标体系	重要性（1～10 分）	可操作性（1～10 分）	敏感性（1～10 分）	熟悉程度（ABCDE）	判断依据（ABCDE）	您的意见
管理结构规范性（A_1）						
基础服务质量（A_2）						

A-2（续）

指标体系	重要性（1～10分）	可操作性（1～10分）	敏感性（1～10分）	熟悉程度（ABCDE）	判断依据（ABCDE）	您的意见
医疗服务（A_3）						
心理社会支持（A_4）						
老年人健康管理质量（A_5）						
专家补充（1）：						
专家补充（2）：						
	您认为上述指标分类恰当吗？ （1）恰当　（2）基本恰当　（3）不恰当 您有更好的建议，请写在下面：					

表 A-3　二级指标评价表

一级指标	二级指标	重要性（1～10分）	可操作性（1～10分）	敏感性（1～10分）	熟悉程度（ABCDE）	判断依据（ABCDE）	是否属于该类指标	您的意见
管理结构规范性（A_1）	环境设置与布局（$B_{1.1}$）						是　否	
	资质及制度建设（$B_{1.2}$）						是　否	
	长期照护服务目标（$B_{1.3}$）						是　否	
	员工手册（$B_{1.4}$）						是　否	
	职责界定（$B_{1.5}$）						是　否	
	设施设备管理与维护（$B_{1.6}$）						是　否	

表 A-3（续）

一级指标	二级指标	重要性（1～10分）	可操作性（1～10分）	敏感性（1～10分）	熟悉程度（ABCDE）	判断依据（ABCDE）	是否属于该类指标	您的意见
管理结构规范性（A_1）	财务管理（$B_{1.7}$）						是 否	
	服务质量控制和持续改善机制（$B_{1.8}$）						是 否	
	服务技术操作常规（$B_{1.9}$）						是 否	
	长期照护服务流程（$B_{1.10}$）						是 否	
	风险的控制（$B_{1.11}$）						是 否	
	人力资源管理（$B_{1.12}$）						是 否	
	经济方面（$B_{1.13}$）						是 否	
	专家补充：							
基础服务质量（A_2）	生活照料服务（$B_{2.1}$）						是 否	
	咨询服务（$B_{2.2}$）						是 否	
	安全保护服务（$B_{2.3}$）						是 否	
	专家补充：						是 否	
医疗服务（A_3）	医疗护理保健服务（$B_{3.1}$）						是 否	
	应急救助（$B_{3.2}$）						是 否	

表 A-3（续）

一级指标	二级指标	重要性（1～10分）	可操作性（1～10分）	敏感性（1～10分）	熟悉程度（ABCDE）	判断依据（ABCDE）	是否属于该类指标	您的意见
心理社会支持（A_4）	心理支持（$B_{4.1}$）						是 否	
	社会支持（$B_{4.2}$）						是 否	
	文化娱乐服务（$B_{4.3}$）						是 否	
	专家补充：							
老年人健康管理质量（A_5）	老人意外发生水平（$B_{5.1}$）						是 否	
	老人压疮发生水平（$B_{5.2}$）						是 否	
	老人疾病复发水平（$B_{5.3}$）						是 否	
	老人满意度评价（$B_{5.4}$）						是 否	
	老人亲属满意度评价（$B_{5.5}$）						是 否	
	健康管理档案情况（$B_{5.6}$）						是 否	
	专家补充：							

如您对我们的指标有任何意见，请您写在下面空白处，期待您的指导！

表 A-4　三级指标评价表

三级指标	重要性（1～10分）	可操作性（1～10分）	敏感性（1～10分）	熟悉程度（ABCDE）	判断依据（ABCDE）	是否属于该类指标	您的意见
环境设置规范性（$C_{1.1.1}$）						是 否	
适老化布局规范性（$C_{1.1.2}$）						是 否	

表 A-4（续）

三级指标	重要性（1～10分）	可操作性（1～10分）	敏感性（1～10分）	熟悉程度（ABCDE）	判断依据（ABCDE）	是否属于该类指标	您的意见
许可证办理情况（$C_{1.2.1}$）						是　否	
制度完善性（$C_{1.2.2}$）						是　否	
目标明确性（$C_{1.3.1}$）						是　否	
员工手册完善性（$C_{1.4.1}$）						是　否	
职责界定明确性（$C_{1.5.1}$）						是　否	
员工执行率（$C_{1.5.2}$）						是　否	
登记在册（$C_{1.6.1}$）						是　否	
清洁维护及时性（$C_{1.6.2}$）						是　否	
制度执行规范性（$C_{1.7.1}$）						是　否	
差错率（$C_{1.7.2}$）						是　否	
质量控制小组（$C_{1.8.1}$）						是　否	
员工执行率（$C_{1.8.2}$）						是　否	
科学规范性（$C_{1.9.1}$）						是　否	
流程规范性（$C_{1.10.1}$）						是　否	
控制措施情况（$C_{1.11.1}$）						是　否	
技术服务人员职业资格情况（$C_{1.12.1}$）						是　否	
服务人员与服务对象比（$C_{1.12.2}$）						是　否	

表 A-4（续）

三级指标	重要性（1～10分）	可操作性（1～10分）	敏感性（1～10分）	熟悉程度（ABCDE）	判断依据（ABCDE）	是否属于该类指标	您的意见
继续教育情况（$C_{1.12.3}$）						是 否	
人才梯队建设情况（$C_{1.12.4}$）						是 否	
职称晋升及考核标准（$C_{1.12.5}$）						是 否	
合理性（$C_{1.13.1}$）						是 否	
专家补充：							
协助穿/更换衣及整理衣服（$C_{2.1.1}$）						是 否	
洗脸、洗手/脚（$C_{2.1.2}$）						是 否	
刷牙（$C_{2.1.3}$）						是 否	
漱口（$C_{2.1.4}$）						是 否	
梳头（$C_{2.1.5}$）						是 否	
洗头（$C_{2.1.6}$）						是 否	
理发（$C_{2.1.7}$）						是 否	
修剪指甲（$C_{2.1.8}$）						是 否	
剃须（$C_{2.1.9}$）						是 否	
清洁口腔（$C_{2.1.10}$）						是 否	
清理和装卸假牙（$C_{2.1.11}$）						是 否	
护肤及面容修饰（$C_{2.1.12}$）						是 否	
提供合理饮食（$C_{2.1.13}$）						是 否	

表 A-4（续）

三级指标	重要性（1～10分）	可操作性（1～10分）	敏感性（1～10分）	熟悉程度（ABCDE）	判断依据（ABCDE）	是否属于该类指标	您的意见
协助进食（$C_{2.1.14}$）						是　否	
协助饮水（$C_{2.1.15}$）						是　否	
管饲营养（$C_{2.1.16}$）						是　否	
提醒入厕（$C_{2.1.17}$）						是　否	
协助排尿（$C_{2.1.18}$）						是　否	
协助排便（$C_{2.1.19}$）						是　否	
人工排便（$C_{2.1.20}$）						是　否	
更换及清洗尿布（$C_{2.1.21}$）						是　否	
清洗会阴（$C_{2.1.22}$）						是　否	
擦浴（$C_{2.1.23}$）						是　否	
协助沐浴（$C_{2.1.24}$）						是　否	
翻身更换卧位（$C_{2.1.25}$）						是　否	
保持皮肤干爽清洁（$C_{2.1.26}$）						是　否	
环境清洁（$C_{2.1.27}$）						是　否	
居室清洁（$C_{2.1.28}$）						是　否	
床单位清洁（$C_{2.1.29}$）						是　否	
洗衣物（$C_{2.1.30}$）						是　否	
服务计划及执行率（$C_{2.2.1}$）						是　否	

表 A－4（续）

三级指标	重要性（1～10分）	可操作性（1～10分）	敏感性（1～10分）	熟悉程度（ABCDE）	判断依据（ABCDE）	是否属于该类指标	您的意见
服务计划及执行率（$C_{2.3.1}$）						是 否	
预防与保健（$C_{3.1.1}$）						是 否	
康复（$C_{3.1.2}$）						是 否	
基本治疗（$C_{3.1.3}$）						是 否	
管道护理（$C_{3.1.4}$）						是 否	
给药护理（$C_{3.1.5}$）						是 否	
换药（$C_{3.1.6}$）						是 否	
健康教育（$C_{3.1.7}$）						是 否	
感染控制（$C_{3.1.8}$）						是 否	
制度及执行率（$C_{3.2.1}$）						是 否	
专家补充：							
服务计划及执行率（$C_{4.1.1}$）						是 否	
服务计划及执行率（$C_{4.2.1}$）						是 否	
服务计划及执行率（$C_{4.3.1}$）						是 否	
专家补充.							
老人意外发生率（$C_{5.1.1}$）						是 否	
老人压疮发生率（$C_{5.2.1}$）						是 否	
老人疾病复发率（$C_{5.3.1}$）						是 否	
老人满意度（$C_{5.4.1}$）						是 否	

表 A-4（续）

三级指标	重要性（1～10分）	可操作性（1～10分）	敏感性（1～10分）	熟悉程度（ABCDE）	判断依据（ABCDE）	是否属于该类指标	您的意见
老人亲属满意度（$C_{5.5.1}$）						是　否	
档案建立完善情况（$C_{5.6.1}$）						是　否	
专家补充：							

注：剃须针对男性。

填表说明（二）

1. 本指标体系旨在建立养老机构长期照护服务质量综合评价指标体系。

2. 本次咨询将有 4 个表格需要您的填写。

3. 可以增加、修改指标，新指标要求填写相应的内容；修改在各表的空格中进行，并简单说明理由。

4. 参考权重：是根据第一轮专家咨询的结果中各指标的重要性得分经计算得出，同类指标（同属一个一级指标）的权重之和为 100%，新增的指标未给出参考权重。

5. 指标的重要性（1～10 分）：指该指标的重要程度和代表性。10 分为非常重要，1 分为极不重要。

6. 指标的可操作性（1～10 分）：指该指标在实际评估工作中，获取该指标信息的难易程度以及该指标的可信程度。10 分为非常容易操作，1 分为极不容易操作。

7. 指标的敏感性（1～10 分）：即该指标在不同时期、不同地区间均具有很好的区分度，即灵敏度。10 分为非常敏感，1 分为极不敏感。

8. 熟悉程度：是指专家对具体指标的含义、内容等的熟悉程度。A，B，C，D 和 E 分别代表熟悉、较熟悉、一般、不太熟悉和不熟悉。

9. 判断依据：是指专家对具体指标的重要性等特征进行判断的主要依据。A，B，C，D 和 E 分别代表理论分析、实践经验、向同行了解、直觉和不知道。

表 A-5　重要性、可操作性和敏感性三者分值分配表

请您对重要性、可操作性和敏感性三者分值进行分配，假如以总分 100 分为标尺，您认为在选择指标的过程中，对于指标的重要性、可操作性、敏感性应当如何进行分值分配较为合理。

指标特征	分值
重要性	分
可操作性	分
敏感性	分
总分	100 分

表 A-6　一级指标评价表

指标体系	参考权重/%（合计 100%）	重要性（1～10 分）	可操作性（1～10 分）	敏感性（1～10 分）	熟悉程度（ABCDE）	判断依据（ABCDE）
管理结构规范性（A_1）	20.17					
基础服务质量（A_2）	20.58					
医疗服务（A_3）	19.96					

表 A-6（续）

指标体系	参考权重/%（合计 100%）	重要性（1～10 分）	可操作性（1～10 分）	敏感性（1～10 分）	熟悉程度（ABCDE）	判断依据（ABCDE）
心理社会支持（A_4）	19.33					
老年人健康管理质量（A_5）	19.96					
专家补充（1）：						
您认为上述指标分类恰当吗？ （1）恰当 （2）基本恰当 （3）不恰当 您有更好的建议，请写在下面：						

表 A-7 二级指标评价表

二级指标	参考权重%（合计 100%）	重要性（1～10 分）	可操作性（1～10 分）	敏感性（1～10 分）	熟悉程度（ABCDE）	判断依据（ABCDE）	是否属于该类指标
环境设置与布局（$B_{1.1}$）	7.78						是 否
资质及制度建设（$B_{1.2}$）	7.70						是 否
长期照护服务目标（$B_{1.3}$）	7.70						是 否
员工手册（$B_{1.4}$）	7.70						是 否
职责界定（$B_{1.5}$）	7.70						是 否
设施设备管理与维护（$B_{1.6}$）	7.70						是 否
财务管理（$B_{1.7}$）	7.70						是 否
服务质量控制和持续改善机制（$B_{1.8}$）	7.70						是 否
服务技术操作常规（$B_{1.9}$）	7.70						是 否
长期照护服务流程（$B_{1.10}$）	7.70						是 否

表 A-7（续）

二级指标	参考权重%（合计100%）	重要性（1～10分）	可操作性（1～10分）	敏感性（1～10分）	熟悉程度（ABCDE）	判断依据（ABCDE）	是否属于该类指标
风险的控制（$B_{1.11}$）	7.70						是　否
人力资源管理（$B_{1.12}$）	7.70						是　否
经济方面（$B_{1.13}$）	7.70						是　否
组织架构的合理性（$B_{1.14}$）	7.70						是　否
专家补充：							是　否
生活照料服务（$B_{2.1}$）	7.70						是　否
咨询服务（$B_{2.2}$）	7.70						是　否
安全保护服务（$B_{2.3}$）	7.70						是　否
专家补充：	7.70						是　否
医疗护理保健服务（$B_{3.1}$）	7.70						是　否
应急救助（$B_{3.2}$）	7.70						是　否
心理支持（$B_{4.1}$）	7.70						是　否
社会支持（$B_{4.2}$）	7.70						是　否
文化娱乐服务（$B_{4.3}$）	7.70						是　否
专家补充：							是　否
老人意外发生水平（$B_{5.1}$）	7.70						是　否
老人压疮发生水平（$B_{5.2}$）	7.70						是　否
老人疾病复发水平（$B_{5.3}$）	7.70						是　否

表 A-7（续）

二级指标	参考权重%（合计 100%）	重要性（1～10 分）	可操作性（1～10 分）	敏感性（1～10 分）	熟悉程度（ABCDE）	判断依据（ABCDE）	是否属于该类指标
老人满意度评价（$B_{5.4}$）	7.70						是 否
老人亲属满意度评价（$B_{5.5}$）	7.70						是 否
健康管理档案情况（$B_{5.6}$）	7.70						是 否
专家补充：							是 否

表 A-8 三级指标评价表

三级指标	参考权重%（合计 100%）	重要性（1～10 分）	可操作性（1～10 分）	敏感性（1～10 分）	熟悉程度（ABCDE）	判断依据（ABCDE）	是否属于该类指标
环境设置规范性（$C_{1.1.1}$）							是 否
适老化布局规范性（$C_{1.1.2}$）							是 否
许可证办理情况（$C_{1.2.1}$）							是 否
制度完善性（$C_{1.2.2}$）							是 否
目标明确性（$C_{1.3.1}$）							是 否
员工手册完善性（$C_{1.4.1}$）							是 否
职责界定明确性（$C_{1.5.1}$）							是 否
员工执行率（$C_{1.5.2}$）							是 否
登记在册（$C_{1.6.1}$）							是 否
清洁维护及时性（$C_{1.6.2}$）							是 否
制度执行规范性（$C_{1.7.1}$）							是 否

表 A-8（续）

三级指标	参考权重%（合计 100%）	重要性（1～10 分）	可操作性（1～10 分）	敏感性（1～10 分）	熟悉程度（ABCDE）	判断依据（ABCDE）	是否属于该类指标
差错率（$C_{1.7.2}$）							是　否
质量控制小组（$C_{1.8.1}$）							是　否
员工执行率（$C_{1.8.2}$）							是　否
科学规范性（$C_{1.9.1}$）							是　否
流程规范性（$C_{1.10.1}$）							是　否
控制措施情况（$C_{1.11.1}$）							是　否
技术服务人员职业资格情况（$C_{1.12.1}$）							是　否
服务人员与服务对象比（$C_{1.12.2}$）							是　否
继续教育情况（$C_{1.12.3}$）							是　否
人才梯队建设情况（$C_{1.12.4}$）							是　否
职称晋升及考核标准（$C_{1.12.5}$）							是　否
合理性（$C_{1.13.1}$）							是　否
组织架构的合理性（$C_{1.14.1}$）	专家建议新增						是　否
协助穿/更换衣及整理衣服（$C_{2.1.1}$）							是　否
洗脸、洗手/脚（$C_{2.1.2}$）							是　否
刷牙（$C_{2.1.3}$）							是　否

表 A-8（续）

三级指标	参考权重%（合计 100%）	重要性（1～10 分）	可操作性（1～10 分）	敏感性（1～10 分）	熟悉程度（ABCDE）	判断依据（ABCDE）	是否属于该类指标
漱口（$C_{2.1.4}$）							是 否
梳头（$C_{2.1.5}$）							是 否
洗头（$C_{2.1.6}$）							是 否
理发（$C_{2.1.7}$）							是 否
修剪指甲（$C_{2.1.8}$）							是 否
剃须（$C_{2.1.9}$）							是 否
清洁口腔（$C_{2.1.10}$）							是 否
清理和装卸假牙（$C_{2.1.11}$）							是 否
面容修饰（$C_{2.1.12}$）	3.08	专家建议修改，已改					是 否
提供合理饮食（$C_{2.1.13}$）							是 否
协助进食（$C_{2.1.14}$）							是 否
协助饮水（$C_{2.1.15}$）							是 否
管饲营养（$C_{2.1.16}$）							是 否
提醒入厕（$C_{2.1.17}$）							是 否
协助排尿（$C_{2.1.18}$）							是 否
协助排便（$C_{2.1.19}$）							是 否
人工排便（$C_{2.1.20}$）							是 否
更换及清洗尿布（$C_{2.1.21}$）							是 否
清洗会阴（$C_{2.1.22}$）							是 否

表 A-8（续）

三级指标	参考权重%（合计 100%）	重要性（1～10 分）	可操作性（1～10 分）	敏感性（1～10 分）	熟悉程度（ABCDE）	判断依据（ABCDE）	是否属于该类指标
擦浴（$C_{2.1.23}$）							是 否
协助沐浴（$C_{2.1.24}$）							是 否
翻身更换卧位（$C_{2.1.25}$）							是 否
保持皮肤干爽清洁（$C_{2.1.26}$）							是 否
环境清洁（$C_{2.1.27}$）							是 否
居室清洁（$C_{2.1.28}$）							是 否
床单位清洁（$C_{2.1.29}$）							是 否
洗衣物（$C_{2.1.30}$）							是 否
服务计划及执行率（$C_{2.2.1}$）							是 否
服务计划及执行率（$C_{2.3.1}$）							是 否
预防与保健（$C_{3.1.1}$）							是 否
康复（$C_{3.1.2}$）							是 否
基本治疗（$C_{3.1.3}$）							是 否
管道护理（$C_{3.1.4}$）							是 否
给药护理（$C_{3.1.5}$）							是 否
换药（$C_{3.1.6}$）							是 否
健康教育（$C_{3.1.7}$）							是 否
感染控制（$C_{3.1.8}$）							是 否

表 A-8（续）

三级指标	参考权重%（合计 100%）	重要性（1～10 分）	可操作性（1～10 分）	敏感性（1～10 分）	熟悉程度（ABCDE）	判断依据（ABCDE）	是否属于该类指标
制度及执行率（$C_{3.2.1}$）							是　否
服务计划及执行率（$C_{4.1.1}$）							是　否
服务计划及执行率（$C_{4.2.1}$）							是　否
志愿者服务计划及执行率（$C_{4.2.2}$）							是　否
服务计划及执行率（$C_{4.3.1}$）							是　否
老人意外发生率（$C_{5.1.1}$）							是　否
老人压疮发生率（$C_{5.2.1}$）							是　否
老人疾病复发率（$C_{5.3.1}$）							是　否
老人满意度（$C_{5.4.1}$）							是　否
老人亲属满意度（$C_{5.5.1}$）							是　否
档案建立完善情况（$C_{5.6.1}$）							是　否

注：剃须针对男性。

如您对我们的指标有任何意见，请您写在下面空白处，期待您的指导！

附录B　养老机构情况

B1　养老机构基本情况表

尊敬的各位领导：

您好！首先对您给予这次研究课题的支持表示感谢！本次不记名调查旨在研究长期照护服务机构/组织现状。您的回答仅供研究者进行统计分析之用，对于各项题目的回答无所谓对与错，也不涉及任何个人隐私，更不会对您的工作有任何影响。同时我们承诺对所有资料保密。因此，请您按照指导语的要求做出您认为合适的判断。您回答的真实性对于我们研究的准确性十分重要。感谢您的合作！

1. 机构地址：　　　　市　　　　区　　　　县　　　　乡/镇
2. 机构名称：
3. 机构性质：①公办　　②公建民营　　③民营　　④其他（请写出）：
4. 是否具有法人资质？①是　　②否
5. 机构的类型：①内设医疗机构的养老机构　② 未设医疗机构的养老机构　③ 医疗机构内设养老机构　④其他（　　　　　　　　　　）
6. 该养老机构是否为医保定点单位？　①是　　②否
7. 该养老机构入住老人的准入条件：【多选题】
   ①≥60岁　②无任何传染病　③“三无五保”老人　④基本自理老人　⑤半失能老人　⑥失能老人　⑦其他（　　　　）
8. 该养老机构开展的服务内容主要有：【多选题】
   ①生活照料　②膳食服务　③清洁卫生服务　④洗涤服务　⑤医疗护理服务　⑥心理/精神支持服务　⑦文化娱乐服务　⑧咨询服务　⑨安全保护服务　⑩医疗保健服务
9. 该养老机构开展的具体医疗护理服务项目主要有：【多选题】
   ①常见病诊疗和护理　②急救与出诊服务　③健康教育与咨询　④健康体检　⑤慢性病治疗和护理　⑥疾病的初诊与转诊　⑦康复指导与训练　⑧中医药服务　⑨健康档案管理　⑩心理咨询与治疗　⑪临终关怀　⑪专家会诊
10. 养老机构基本情况：

序号		指标名称	数量
1.1 面积/m^2	1.1.1	占地面积	
	1.1.2	建筑面积	
	1.1.3	绿化面积	
1.2 机构房间数/间	1.2.1	多人间（≥3 人/间）	
	1.2.2	双人间	
	1.2.3	单人间	
	1.2.4	豪华套间	
1.3 机构床位数/张	1.3.1	规划床位数	
	1.3.2	现开放床位数	
	1.3.3	已使用床位数	

11. 今后的发展计划

11.1 规模：①缩小规模　②维持现状　　③扩大规模（本院规模扩大、建分院、建连锁机构）。

11.2 存在哪些困难：

①管理（写出）：

②员工（写出）：

③经费（写出）：

④其他（写出）：

B2　养老服务技术人员现状及职业满意度调查表

尊敬的各位养老护理技术人员：

您好！首先对您给予这次研究课题的支持表示感谢！本次不记名调查旨在研究养老服务技术人员现状。您的回答仅供研究者进行统计分析之用，对于各项题目的回答无所谓对与错，也不涉及任何个人隐私，更不会对您的工作有任何影响。同时我们承诺对所有资料保密。因此，请您按照指导语的要求做出您认为合适的判断。您回答的真实性对于我们研究的准确性十分重要。感谢您的合作！

请在与您的情况相符合程度的内容上画“√”，部分请填写完善。

1. 您的年龄是（　　　　）岁

2. 您的性别是：（1）男　　（2）女

3. 您的最高学历是：

（1）未受过教育（2）小学（3）初中（4）高中（5）中专（6）大专

（7）本科（8）硕士（9）博士

4. 您从事老年服务工作的时间是：

（1）1～5 年　（2）6～10 年　（3）11～15 年　（4）16～20 年　（5）20 年以上

5. 您是否从事养老护理技术管理岗位？

（1）是（如是请完成第 6 项问题）（2）否（跳过第 6 项直接到第 7 项问题）

6. 您从事管理工作的时间是（　　　）年

7. 您是否具有相应的职业资格证书？

（1）是（如是请完成第 8 项问题）：①养老护理员，②护士，③其他，请填写具体名称：　　　　　　（2）否（跳过第 8 项直接到第 9 项问题）

8. 您的技术职称是：　（1）初级　（2）中级　（3）副高级　（4）正高级

9. 您的职务是（如有请填写）：

10. 您的收入是：

（1）1000 元/月以下　（2）1000～2000 元/月　（3）2001～3000 元/月

（4）3001～4000 元/月　（5）4001～5000 元/月　（6）5001～6000 元/月

（7）6000 元/月以上

11. 单位是否为职工购买保险？（1）是（如是请完成第 12 项问题）（2）否（跳过第 12 项直接到第 13 项问题）

12. 单位为职工购买了哪些保险（可多选）？

（1）医疗保险　（2）失业保险　（3）养老保险　　（4）其他保险

13. 您自己购买了哪些保险（可多选）？

（1）商业医疗保险　（2）商业社会保险　（3）商业养老保险

（4）其他保险，请写出：

14. 您是否接受过培训？

（1）是（如是请完成第15项问题）

（2）否（跳过第15、16项直接到17项问题）

15. 您接受培训的时间是：

（1）8小时以下（1天）/年　（2）8～16小时（1～2天）/年

（3）24～48小时（3～6天）/年　（4）56小时以上（7天以上）/年

16. 您认为培训对您工作上的提升效果是：

（1）无效　（2）有效　（3）比较有效　（4）非常有效

17. 您选择这份工作是因为：

（1）为了生计　（2）为了打发时间　（3）喜欢　（4）体验一下

（5）其他，请填写：

18. 您对工作的满意程度是：

（1）不满意（如不满意请完成19项）　（2）一般

（3）比较满意　　（4）非常满意

19. 您对工作不满意的原因是（可多选）：

（1）收入太低　（2）社会地位低，别人看不起

（3）没有社会保障（如保险、退休工资等），年龄大或身体不好会被解聘

（4）不是正式工作　（5）不喜欢工作环境　（6）不喜欢服务对象都是老人

（7）不喜欢单位性质　（8）不喜欢管理方式　　（9）其他（请说明）：

20. 您是否会离职？（1）不会　　（2）可能会　　（3）肯定会

21. 您对自己职业的认同感如何？

（1）很喜欢，很有意义　（2）一般　（3）不认同，没价值

22. 您有什么需要补充说明的：

B3 入住老人服务需求、利用及满意度调查表

尊敬的老年朋友：

您好！非常感谢您参与此次问卷调查。此次问卷调查的目的是了解养老机构入住老人服务需求、利用及满意度情况，为改进养老服务工作提供参考。请您根据自身的真实情况回答以下问题，并在各问题后面填写对应的数字编码。本项调查采用无记名方式填答，严格为您保密。谢谢您的合作！

1. 调查地点：________市________区________县________镇（街道）________________________村（社区）

2. 养老机构名称：________________________________

3. 机构类型：① 内设医疗机构的养老机构　② 未设医疗机构的养老机构　③ 医疗机构内设养老机构　④其他（　　　　　）

表 B-1　基本情况表

基本情况	答案
A01：年龄__________（岁）	
A02：性别：①男　②女	
A03：户口类型：①城镇　②农村	
A04：受教育程度： ① 没上过学　② 小学　③ 初中　④高中　⑤ 大专　⑥ 本科 ⑦ 硕士研究生以上	
A05：退休前的职业： ① 国家机关、企事业单位负责人　②专业技术人员　③办事人员　④商业、服务业人员　⑤农、林、牧、渔、水利业生产人员　⑥生产或运输设备操作人员　⑦军人　⑧其他________________	
A06：婚姻状况：①在婚　②丧偶　③离婚　④未婚	
A07：您的子女个数：	
A08：您目前的经济收入：（元/月）	
A09：您经济收入的来源主要有：【多选题】 ①退休金（养老金）　②家庭成员供养　③政府/他人救助 ④其他______________	

表 B-1（续）

基本情况	答案
A10：您的医疗保险类别：【多选题】 ①城镇职工医疗保险　②城镇居民医疗保险　③新农合医疗保险　④公费/劳保医疗　⑤自费　⑥其他	
A11：您入住养老机构的主要原因：【多选题】 ①不愿给子女添麻烦　②家里照护人手不够　③在家雇保姆照顾费用高/质量差　④家庭矛盾关系不和　⑤养老机构养老环境好　⑥需要长期照护　⑦需要长期医疗护理服务 ⑧其他______________	
A12：您在该养老机构住了多长时间：（年）	
A13：您的养老服务收费金额（床位费）：（元/月） ①<1000 元　②1000～1499 元　③1500～2000 元　④ >2000 元	
A14：您的养老服务收费金额（护理费）：（元/月） ①<1000 元　②1000～1499 元　③1500～2000 元 ④ >2000 元	
A15：您的养老服务收费金额（伙食费）：（元/月） ①<1000 元　②1000～1499 元　③1500～2000 元　④ >2000 元	
A16：您的养老服务收费金额（其他费用请注明 ）：（元/月） ①<1000 元　②1000～1499 元　③1500～2000 元　④ >2000 元	
A17：您觉得收费是否合理？ ①很不合理，高于成本，难以承受　②很不合理，高于成本 ③合理，能接受　④ 不合理，低于成本	

表 B-2　服务需求表

服务需求	答案
B01：您认为您的身体健康状况好吗？ ①很好　②较好　③一般　④较差　⑤很差	
B02：调查前半年内，您是否患有经医生诊断的慢性病？ ①是　②否（跳至回答 B04 题）	
B03：如患有慢性病，您主要患有哪些慢性病（按照 ICD-10 疾病编码）：【多选题】（超过 3 种请选 3 种主要的慢性病） ①高血压　②冠心病　③慢性胃炎　④糖尿病　⑤脑卒中　⑥慢性阻塞性肺疾病　⑦慢性心力衰竭　⑧风湿性关节炎　⑨脑血管病　⑩上呼吸道感染　⑪哮喘　⑫乙型病毒性肝炎　⑬慢性支气管炎　⑭腰椎病　⑮其他__________________	

表 B-2（续）

服务需求	答案
B04：调查前两周内，您是否患过病：（病伤或慢性病发作） ①是　②否（跳至回答 C08 题）	
B05：您最需要的长期照护服务有哪些？详细见后面表 B-6	

表 B-3　医疗服务利用表

一、两周就诊情况			
问题	每次患病的情况		
	第 1 次	第 2 次	第 3 次
C01：您患病后的处理方式是： ① 医疗机构就诊（跳至回答 C03 题）　② 自己买药治疗　③ 未采取任何措施			
C02：您患病后未去医疗机构就诊的原因是：【多选题】 ①自己买药治疗　②自感病轻　③家人没有时间陪护　④经济困难　⑤无有效措施　⑥交通不便　⑦其他______			
C03：您就诊的医疗机构是： ①养老机构内医疗机构（跳至回答 C06 题） ②养老机构外医疗机构			
C04：您未在养老机构内医疗机构就诊的原因：【多选题】 ①没有可信赖的医生　②医疗技术差　③服务态度差　④医疗功能不齐全　⑤不是医保定点单位　⑥诊疗环境差　⑦医疗费用高　⑧其他______			
C05：您在养老机构外医疗机构就诊时首选的医疗机构是： ① 私人诊所　②乡镇卫生院或街道社区卫生服务中心 ③县/区医院　④市级医院　⑤省级医院			
C06：您此次患病就医所花费的总医疗费用：（元）			
C07：这些医药费中，大约能报销的金额：（元）			
二、住院情况			
C08：调查前一年内，您是否有经医生诊断需要入院接受治疗？ ①是　②否　（跳至回答 B04 部分的题目）			
C09：调查前一年内，您是否入院接受过治疗？ ①是（跳至回答 C11 题）　②否			

表 B-3（续）

二、住院情况			
问题	每次住院的情况		
	第 1 次	第 2 次	第 3 次
C10：您未住院的原因是：【多选题】 ①自己买药治疗 ②自感病轻 ③家人没有时间陪护 ④经济困难 ⑤无有效措施 ⑥交通不便 ⑦其他______			
C11：您首选的住院医疗机构是？ ①养老机构内医疗机构 ②养老机构外医疗机构（跳至回答 C14 题）			
C12：您没有去养老机构内的医疗机构住院的主要原因是：【多选题】 ①没有可信赖的医生 ②医疗技术差 ③服务态度差 ④医疗功能不齐全 ⑤不是医保定点单位 ⑥诊疗环境差 ⑦医疗费用高 ⑧其他			
C13：您在养老机构外医疗机构住院时首选的医疗机构是： ①乡镇卫生院 ②县/区医院 ③市级医院 ④省级医院			
C14：您此次住院所花费的总医疗费用：（元）			
C15：这些医药费中，大约能报销的金额：（元）			

表 B-4 养老机构内养老服务的满意度表

问题	答案
D01：调查前一年内，您是否在养老机构内接受过与健康相关的服务？ ①是 ②否（停止作答）	
一、环境设施	
D02：您对养老机构内环境卫生满意度如何？ ① 非常满意 ②满意 ③一般 ④不满意 ⑤非常不满意	
D03：您对养老机构内基本设施和医疗设备配置满意度如何？ ① 非常满意 ②满意 ③一般 ④不满意 ⑤非常不满意	
二、方便可及性	
D04：您在入住养老机构前所等待入住的时间长短如何？ ①非常短 ②比较短 ③一般 ④较长 ⑤非常长	

表 B-4（续）

问题	答案
二、方便可及性	
D05：您在养老机构内入住时，对入住程序的满意度如何？ ① 非常满意　②满意　③一般　④不满意　⑤非常不满意	
D06：您在养老机构入住时，对入住方便性的满意度如何？ ① 非常满意　②满意　③一般　④不满意　⑤非常不满意	
三、服务质量	
D07：您在养老机构入住，您对“被接待或交谈时得到尊重的程度”满意度如何？ ① 非常满意　②满意　③一般　④不满意　⑤非常不满意	
D08：您在养老机构入住，对提供咨询服务是否满意？ ① 非常满意　②满意　③一般　④不满意　⑤非常不满意	
D09：您在养老机构入住，对机构的管理方面是否满意？ ① 非常满意　②满意　③一般　④不满意　⑤非常不满意	
D10：您在养老机构入住，对工作人员的服务态度满意度如何？ ① 非常满意　②满意　③一般　④不满意　⑤非常不满意	
D11：您在养老机构入住，对工作人员的工作责任感满意度如何？ ① 非常满意　②满意　③一般　④不满意　⑤非常不满意	
D12：您在养老机构入住，对安全保护服务满意度如何？ ① 非常满意　②满意　③一般　④不满意　⑤非常不满意	
D13：您在养老机构入住，对工作人员“对您的问题的跟踪随访方面的表现”是否满意？ ① 非常满意　②满意　③一般　④不满意　⑤非常不满意	
D14：您对养老机构提供的服务内容满意吗？ ① 非常满意　②满意　③一般　④不满意　⑤非常不满意	
D15：您对养老机构提供的服务方式满意吗？ ① 非常满意　②满意　③一般　④不满意　⑤非常不满意	
D16：您在养老机构入住，对服务人员的服务技术水平满意度如何？ ① 非常满意　②满意　③一般　④不满意　⑤非常不满意	
D17：您对养老机构开展的文化娱乐活动的满意度如何？ ① 非常满意　②满意　③一般　④不满意　⑤非常不满意	
D18：您对养老机构应急救助处理的满意度如何？ ① 非常满意　②满意　③一般　④不满意　⑤非常不满意	

表 B-4（续）

问题	答案
三、服务质量	
D19：您对养老机构提供的心理支持的满意度如何？ ① 非常满意　②满意　③一般　④不满意　⑤非常不满意	
D20：您对养老机构提供的社会支持的满意度如何？ ① 非常满意　②满意　③一般　④不满意　⑤非常不满意	
D21：您对养老机构内建立健康档案资料的满意度如何？ ① 非常满意　②满意　③一般　④不满意　⑤非常不满意	
D22：您在养老机构内提供的医疗护理保健服务的满意度如何？ ① 非常满意　②满意　③一般　④不满意　⑤非常不满意	
D23：您对养老机构提供的服务内容，由高到低排序感到满意的有哪些？ ①　②　③ ④　⑤　⑥	
四、收费标准	
D24：您对养老机构服务收费的满意度如何？ ① 非常满意　②满意　③一般　④不满意　⑤非常不满意 原因：	
D25：您对养老机构内医疗机构医疗费用收费情况的满意度如何？ ①非常满意　②满意　③一般　④不满意　⑤非常不满意	

表 B-5　其他方面的满意度表

问题	答案
E01：在养老机构内，您近一个月有没有发生意外？（老人意外发生是指老年人入住养老机构/社区居家养老服务站等发生坠床、跌倒、烫伤、砸伤、走失、溺水、触电、火灾、中毒等意外，造成生理和心理的损伤。） ①是　②否（跳至回答 E05 问题）	
E02：您近一个月发生意外是什么情况？ 原因： 后果：	
E03：在养老机构内，您近一年有没有发生意外？ ①是　②否（跳至回答 E05 问题）	

表 B-5（续）

问题	答案
E04：您近一年发生意外是什么情况？ 原因： 后果：	
E05：您入住养老机构后有没有发生压疮？ ①是　②否（跳至回答 E07 问题）	
E06：您认为发生压疮的原因有哪些？（多选） ①护理不当　②自身活动能力缺失　③自身活动能力下降 ④营养不足　⑤养老机构管理不到位	
E07：您在养老机构入住期间，原来的疾病复发了吗？ ①是　②否（跳至回答 E09 问题）	
E08：您的疾病复发情况？ 原因及频率： 后果：	
E09：老人亲属对养老机构的整体服务满意吗？ ①是（跳至回答 E11 问题）　②否	
E10：不满意主要在哪些方面？ 请说明：	
E11：您认为养老机构尊重老人知情权及选择权吗？ ①是（跳至回答 E13 问题）　②否	
E12：您认为养老机构在哪些方面没有尊重老人知情权及选择权？ 请说明：	
E13：您认为养老机构尊重老人的私人财产权利？ ①是（跳至回答 E15 问题）　②否	
E14：您认为养老机构在哪些方面没有尊重老人的私人财产权利？ 请说明：	
E15：您认为养老机构尊重老人隐私和尊严吗？ ①是（跳至回答 E17 问题）　②否	
E16：您认为养老机构在哪些方面没有尊重老人隐私和尊严？ 请说明：	
E17：您认为养老机构处理投诉的制度和程序如何？ ①非常好　②很好　③一般　④差 请说明：	
E18：您认为养老机构确保老人免受侵犯的制度和程序如何？ ①非常好　②很好　③一般　④差 请说明：	

其他需要补充的：

表 B-6 老人长期照护服务需求内容

您认为老人长期照护需求主要有哪些？请您对各指标认可的重要程度进行选择（打√），(5 非常重要，4 很重要，3 重要，2 一般，1 完全没必要)，并请根据您的情况将指标按照重要程度排序。

服务分类名称	具体名称	重要程度	排序	备注
生活照料服务	协助穿/更换衣及整理衣服	5、4、3、2、1		
	洗脸、洗手/脚	5、4、3、2、1		
	刷牙	5、4、3、2、1		
	漱口	5、4、3、2、1		
	梳头	5、4、3、2、1		
	洗头	5、4、3、2、1		
	理发	5、4、3、2、1		
	修剪指甲	5、4、3、2、1		
	剃须	5、4、3、2、1		
	清洁口腔	5、4、3、2、1		
	清理和装卸假牙	5、4、3、2、1		
	面容修饰	5、4、3、2、1		
	提供合理饮食	5、4、3、2、1		
	协助进食	5、4、3、2、1		
	协助饮水	5、4、3、2、1		
	管饲营养	5、4、3、2、1		
	提醒入厕	5、4、3、2、1		
	协助排尿	5、4、3、2、1		
	协助排便	5、4、3、2、1		
	人工排便	5、4、3、2、1		
	更换及清洗尿布	5、4、3、2、1		
	清洗会阴	5、4、3、2、1		
	擦浴	5、4、3、2、1		
	协助沐浴	5、4、3、2、1		
	翻身更换卧位	5、4、3、2、1		
	保持皮肤干爽清洁	5、4、3、2、1		
	环境清洁	5、4、3、2、1		
	居室清洁	5、4、3、2、1		
	床单位清洁	5、4、3、2、1		
	洗衣物	5、4、3、2、1		

表 B-6（续）

服务分类名称	具体名称	重要程度	排序	备注
咨询服务		5、4、3、2、1		
安全保护服务		5、4、3、2、1		
医疗护理保健服务	预防与保健	5、4、3、2、1		
	康复	5、4、3、2、1		
	基本治疗	5、4、3、2、1		
	管道护理	5、4、3、2、1		
	给药护理	5、4、3、2、1		
	换药	5、4、3、2、1		
	健康教育	5、4、3、2、1		
	感染控制	5、4、3、2、1		
应急救助		5、4、3、2、1		
心理支持		5、4、3、2、1		
社会支持		5、4、3、2、1		
文化娱乐服务		5、4、3、2、1		
补充：				

附录C 养老服务管理人员定性访谈表

C1 基本信息问卷

1. 姓名：______________；性别：男　　女　；年龄：______________岁
2. 工作单位：____
3. 您的最高学历：
   ①学士以下　　②学士　　③硕士　　④博士
4. 至今，您的工龄有______________年，您从事养老服务______________年，您从事养老服务管理______________年，您从事养老服务研究______________年。
5. 您的专业技术职称____________________，职务为____________________
6. 您目前主要研究的专业领域是（可多选）：
   ①养老服务　②老年医学　③老年护理　④长期照护　⑤ 养老服务管理　⑥其他____________________________
7. 您对长期照护养老服务质量的综合评价指标的熟悉程度：
   ①很熟悉　　②熟悉　　③一般　　④不太熟悉　　⑤不熟悉

C2　养老服务管理人员定性访谈表

您好！首先对您给予这次研究课题的支持表示感谢！本次调查旨在研究湖南省养老机构长期照护服务现状及服务质量综合评价指标体系。您的回答仅供研究者进行统计分析之用，对于各项题目的回答无所谓对与错，也不涉及任何个人隐私，更不会对您的工作有任何影响。同时我们承诺对所有资料保密。因此，请您按照指导语的要求做出您认为合适的判断。您回答的真实性对于我们研究的准确性十分重要。感谢您的合作！

1. 您认为我国的长期照护机构养老服务质量如何？请阐述理由。

____

____

____

2. 您认为目前湖南省给老年人提供长期照护的现状怎样？

____

____

____

____

3. 您认为湖南省当地政府应该对长期照护提供哪些政策支持？

____

____

____

____

4. 您认为应采取哪些措施才能改善或解决长期照护现存的问题？

____

____

____

____

5. 您认为管理部门应该怎样做才能规范老年人的长期照护服务？

____

____

____

____

附录 D 基于长期照护养老机构的服务质量综合评价调查表

表 D-1 养老机构长期照护服务质量综合评价

1. 机构地址： 市 区 县 乡/镇

2 机构名称：

3 机构性质：①公办 ②公建民营 ③民营 ④其他（请写出）：

一级指标	二级指标	三级指标	优秀（90 分以上）	良好（70～89 分）	合格（60～69 分）	不合格（60 分以下）	备注
管理结构规范性（A_1）	环境设置与布局（$B_{1.1}$）	环境设置规范性（$C_{1.1.1}$）					
		适老化布局规范性（$C_{1.1.2}$）					
	资质及制度建设（$B_{1.2}$）	许可证办理情况（$C_{1.2.1}$）					
		制度完善性（$C_{1.2.2}$）					
	长期照护服务目标（$B_{1.3}$）	目标明确性（$C_{1.3.1}$）					
	员工手册（$B_{1.4}$）	员工手册完善性（$C_{1.4.1}$）					
	职责界定（$B_{1.5}$）	职责界定明确性（$C_{1.5.1}$）					
		员工执行率（$C_{1.5.2}$）					
	设施设备管理与维护（$B_{1.6}$）	登记在册（$C_{1.6.1}$）					
		清洁维护及时性（$C_{1.6.2}$）					
	财务管理（$B_{1.7}$）	制度执行规范性（$C_{1.7.1}$）					
		差错率（$C_{1.7.2}$）					

表 D-1（续）

一级指标	二级指标	三级指标	优秀（90分以上）	良好（70～89分）	合格（60～69分）	不合格（60分以下）	备注
管理结构规范性（A_1）	服务质量控制和持续改善机制（$B_{1.8}$）	质量控制小组（$C_{1.8.1}$）					
		员工执行率（$C_{1.8.2}$）					
	服务技术操作常规（$B_{1.9}$）	科学规范性（$C_{1.9.1}$）					
	长期照护服务流程（$B_{1.10}$）	流程规范性（$C_{1.10.1}$）					
	风险的控制（$B_{1.11}$）	控制措施情况（$C_{1.11.1}$）					
	人力资源管理（$B_{1.12}$）	技术服务人员职业资格情况（$C_{1.12.1}$）					
		服务人员与服务对象比（$C_{1.12.2}$）					
		继续教育情况（$C_{1.12.3}$）					
		人才梯队建设情况（$C_{1.12.4}$）					
		职称晋升及考核标准（$C_{1.12.5}$）					
	经济方面（$B_{1.13}$）	合理性（$C_{1.13.1}$）					

表 D-1（续）

一级指标	二级指标	三级指标	优秀（90分以上）	良好（70～89分）	合格（60～69分）	不合格（60分以下）	备注
基础服务质量（A_2）	生活照料服务（$B_{2.1}$）	协助穿/更换衣及整理衣服（$C_{2.1.1}$）					
		洗脸、洗手/脚（$C_{2.1.2}$）					
		刷牙（$C_{2.1.3}$）					
		漱口（$C_{2.1.4}$）					
		梳头（$C_{2.1.5}$）					
		洗头（$C_{2.1.6}$）					
		理发（$C_{2.1.7}$）					
		修剪指甲（$C_{2.1.8}$）					
		剃须（$C_{2.1.9}$）					
		清洁口腔（$C_{2.1.10}$）					
		清理和装卸假牙（$C_{2.1.11}$）					
		面容修饰（$C_{2.1.12}$）					
		提供合理饮食（$C_{2.1.13}$）					
		协助进食（$C_{2.1.14}$）					
		协助饮水（$C_{2.1.15}$）					
		管饲营养（$C_{2.1.16}$）					
		提醒入厕（$C_{2.1.17}$）					
		协助排尿（$C_{2.1.18}$）					
		协助排便（$C_{2.1.19}$）					
		人工排便（$C_{2.1.20}$）					
		更换及清洗尿布（$C_{2.1.21}$）					
		清洗会阴（$C_{2.1.22}$）					
		擦浴（$C_{2.1.23}$）					

表 D-1（续）

一级指标	二级指标	三级指标	优秀（90 分以上）	良好（70～89 分）	合格（60～69 分）	不合格（60 分以下）	备注
基础服务质量（A_2）	生活照料服务（$B_{2.1}$）	协助沐浴（$C_{2.1.24}$）					
		翻身更换卧位（$C_{2.1.25}$）					
		保持皮肤干爽清洁（$C_{2.1.26}$）					
		环境清洁（$C_{2.1.27}$）					
		居室清洁（$C_{2.1.28}$）					
		床单位清洁（$C_{2.1.29}$）					
		洗衣物（$C_{2.1.30}$）					
	咨询服务（$B_{2.2}$）	服务计划及执行率（$C_{2.2.1}$）					
	安全保护服务（$B_{2.3}$）	服务计划及执行率（$C_{2.3.1}$）					
医疗服务（A_3）	医疗护理保健服务（$B_{3.1}$）	预防与保健（$C_{3.1.1}$）					
		康复（$C_{3.1.2}$）					
		基本治疗（$C_{3.1.3}$）					
		管道护理（$C_{3.1.4}$）					
		给药护理（$C_{3.1.5}$）					
		换药（$C_{3.1.6}$）					
		健康教育（$C_{3.1.7}$）					
		感染控制（$C_{3.1.8}$）					
	应急救助（$B_{3.2}$）	制度及执行率（$C_{3.2.1}$）					

表 D-1（续）

一级指标	二级指标	三级指标	优秀（90 分以上）	良好（70～89 分）	合格（60～69 分）	不合格（60 分以下）	备注
心理社会支持（A_4）	心理支持（$B_{4.1}$）	服务计划及执行率（$C_{4.1.1}$）					
	社会支持（$B_{4.2}$）	服务计划及执行率（$C_{4.2.1}$）					
	文化娱乐服务（$B_{4.3}$）	服务计划及执行率（$C_{4.3.1}$）					
老年人健康管理质量（A_5）	老人意外发生水平（$B_{5.1}$）	老人意外发生率（$C_{5.1.1}$）					
	老人压疮发生水平（$B_{5.2}$）	老人压疮发生率（$C_{5.2.1}$）					
	老人疾病复发水平（$B_{5.3}$）	老人疾病复发率（$C_{5.3.1}$）					
	老人满意度评价（$B_{5.4}$）	老人满意度（$C_{5.4.1}$）					
	老人亲属满意度评价（$B_{5.5}$）	老人亲属满意度（$C_{5.5.1}$）					
	健康管理档案情况（$B_{5.6}$）	档案建立完善情况（$C_{5.6.1}$）					

表 D-2　养老机构长期照护服务质量综合评价详细指标调查表

序号	指标名称和编号	问题 1	问题 2	备注
1	员工执行率（$C_{1.5.2}$）	上一月度　（%）	上一年度　（%）	职责界定（$B_{1.5}$） 职责任务数： 执行数：
2	差错率（$C_{1.7.2}$）	上一月度　（%）	上一年度　（%）	财务管理（$B_{1.7}$） 财务管理数： 差错数：
3	员工执行率（$C_{1.8.2}$）	上一月度　（%）	上一年度　（%）	服务质量控制和持续改善机制（$B_{1.8}$）制度数： 执行数：
4	技术服务人员职业资格情况（$C_{1.12.1}$）	人员人数：　　有职业资格证人数： 持证率（%）：		
5	服务人员与服务对象比（$C_{1.12.2}$）	服务对象人数： 服务人员与服务对象的比例：		
6	继续教育情况（$C_{1.12.3}$）	年度员工继续教育平均　　小时		继续教育时间数： 人数：
7	服务计划及执行率（$C_{2.2.1}$）	上一月度　（%）	上一年度　（%）	咨询服务（$B_{2.2}$） 服务计划数： 执行数：
8	服务计划及执行率（$C_{2.3.1}$）	上一月度　（%）	上一年度　（%）	安全保护服务（$B_{2.3}$） 服务计划数： 执行数：
9	康复（$C_{3.1.2}$）	上一月度　（%）	上一年度　（%）	协助老人康复 协助人数： 需要协助人数：
10	基本治疗（$C_{3.1.3}$）	上一月度　（%）	上一年度　（%）	为老人提供基本治疗 提供治疗人数： 需要提供治疗 人数：
11	制度及执行率（$C_{3.2.1}$）	上一月度　（%）	上一年度　（%）	应急救助（$B_{3.2}$） 制度数： 执行数：
12	服务计划及执行率（$C_{4.1.1}$）	上一月度　（%）	上一年度　（%）	心理支持（$B_{4.1}$） 服务计划数： 执行数：

表 D-2（续）

序号	指标名称和编号	问题 1	问题 2	备注
13	服务计划及执行率（$C_{4.2.1}$）	上一月度　（%）	上一年度　（%）	社会支持（$B_{4.2}$） 服务计划数： 执行数：
14	服务计划及执行率（$C_{4.3.1}$）	上一月度　（%）	上一年度　（%）	文化娱乐服务（$B_{4.3}$） 服务计划数： 执行数：
15	老人意外发生率（$C_{5.1.1}$）	上一月度　（%）	上一年度　（%）	老人意外发生水平（$B_{5.1}$） 发生意外人数： 老人数：
16	老人压疮发生率（$C_{5.2.1}$）	上一月度　（%）	上一年度　（%）	老人压疮发生水平（$B_{5.2}$） 发生压疮人数： 老人数：
17	老人疾病复发率（$C_{5.3.1}$）	上一月度　（%）	上一年度　（%）	老人疾病复发水平（$B_{5.3}$） 疾病复发人数： 老人数：
18	老人满意度（$C_{5.4.1}$）	老人数：　（人）　满意：　（人） 不满意：　（人）　满意度：　（%）		老人满意度评价（$B_{5.4}$）
19	老人亲属满意度（$C_{5.5.1}$）	人数：　（人）　满意：　（人） 不满意：　（人）　满意度：　（%）		老人亲属满意度评价（$B_{5.5}$）

备注：无特殊情况取上一月度数据计算。

知情同意签字

如果您完全理解了这一研究项目的内容，并同意参加此项研究，您将签署此知情同意书，一式两份，由研究者和研究对象本人或委托人各保留一份。

研究项目名称：湖南省养老机构长期照护服务现状及服务质量综合评价指标体系研究

由受试者本人或其合法代表签署：

同意声明：

1. 我确认已阅读并理解了此项研究的知情同意书，在研究过程中可能出现的问题及解决方法已经向我解释，并且我有机会提出自己的疑问。

2. 我已明确参加研究属于自愿行为，拒绝参加研究不会损害我应有的任何利益。

3. 我已得知参与本研究工作的负责人以及课题组成员均有权审阅相关研究记录和个人资料，我同意上述方面的人员直接得到我的研究记录和个人资料，并了解上述信息将得到保密处理。

4. 我同意参加本项研究。

研究对象姓名全称：　　　　　　　　　　　　　　年　　月　　日

法定代理人姓名全称：　　　　　　　　　　　　　年　　月　　日

以下由执行知情同意过程的研究者完成

研究者申明：我确认已就本研究的性质、目的、要求和可能的风险向研究对象进行了解释和讨论，并确保本研究对象相关信息已妥善保存。

研究者姓名全称：　　　　　　　　　　　　　　　年　　月　　日